現代日本語文典

A Grammar of Present-day Japanese

小泉 保著
Tamotsu Koizumi

21世紀の文法

東京 **大学書林** 発行

まえがき

　だれしも経験したことと思われるが，国文法の用語の「未然形，連用形，終止形，連体形」を英語に当てはめようとするとき困惑を感じてしまう．どうにも説明がつかないであろう．
　こうした国文法の用語は，山田孝雄の『日本口語法講義』（1922）により設定されている．
　この本では，動詞の活用が次のように整理されている．

　　　　　　　　未然形　　連用形　　終止形　　条件形　　命令形
　［四段活用］　読ま　　　読み　　　読む　　　読め　　　読め

　以後，松下文法，橋本文法，時枝文法を通し，さらに現在に及ぶまで，ほとんどの文法書や辞書にこうした用語と活用方式が使用されている．
　未然（みぜん）形は已然（いぜん）形に対応するもので，次の例を見れば，

　　未然形（まだそうなっていない状態）:「海ゆかば，水漬（みず）く屍」
　　（万葉集）
　　已然形（すでにそうなっている状態）:「お手々つないで野道をゆけば」
　　（童謡）

未然形の「ゆかば」は，「もし行くことがあれば」の意味で，已然形の「ゆけば」は「いま行くときに」を意味している．こうした古文の語形による区別は，いまは存在しないから，未然形という用語は現在では不要である．
　「連用形」とは「用言（動詞，形容詞）に連なる語形」と言うことであるが，「読んでいる」のように，動詞「いる」を修飾する連用形（副詞形）は「読んで」である．国文法で言う連用形の「読み」は名詞で，「読みが深い」という．ところが，国文法では「連用形」から「過去形」を導くことができると教えている．
　過去形の「読んだ」は連用形の「読み」＋過去の語尾「た」から導きだ

すことはできない．これは「読み＋た」＞「読んだ」のような撥音便という歴史的音声変化の説明を必要とする．活用に音声変化をもちこんではならない．「活用」は現在の動詞変化語形すべてを含んでいなければならない．動詞の過去形が含まれていないようなものは活用表とは言えない．

　また，連体形は「体言（名詞）に連なる語形」ということであるから，名詞を修飾する語形，すなわち形容詞形と言えばよい．

　筆者は上記のような「読ま，読み，読む，読む，読め，読め」のような活用表を「語幹末母音配列方式」の「活用」と呼ぶことにしている．残念ながら，現在でも動詞の「活用」はこの方式が学校で教えられ，暗誦されている．筆者は暗然たる思いに沈んでいる．

　松下文法から 85 年も経つ 21 世紀に入っても，こうした旧式で非科学的な「活用」にこだわっていていいだろうか．筆者は本書において現代言語学理論にもとづく動詞「語形変化表」を提示しておいた．さらに形容詞の語形変化表，それに名詞（形容動詞）と名詞に付加される準動詞の語形変化表を合わせて提示した．この語形変化表にはすべての動詞と形容詞および準動詞の変化語形が含まれている．

　また，「形容動詞」という用語も「名詞的形容詞」を意味する「名容詞」という呼び方を採用した．さらに，従来の「助動詞」であるが，動詞を補助する動詞であるべきなのに，「られる」のような動詞の語尾であったり，「らしい」のような形容詞や「ようだ」のような名容詞であったりして，本来の補助するという規定に添っていないので，まさしく動詞を補助する動詞，例えば「読んでいる」における「いる」のような動詞を「助動詞」と呼ぶことにした．

　とにかく，「未然形，連用形，終止形，連体形」を「否定形，副詞形，述語形，形容詞形」とし，「形容動詞」を「名容詞」と呼び変えることにした．筆者はこうした旧式の用語を「国文法の尺貫法」と見なし，一刻も早く筆者の提案している「メートル法」の呼称に改めてもらいたいと思っている．すなわち，日本文法と英文法が同じ文法用語で説明できるとき，日本語の国際化が前進したことになる．「相」を「アスペクト」，「時制」を「テンス」，「態」を「ボイス」と呼び変えても，日本文法が国際化した

まえがき

ことにはならない．英語の a red rose に対する「赤いばら」であるが，「赤い」を「連体形」としないで「形容詞形」としたとき，「ばら」を「体言」としないで「名詞」としたとき，英語と日本語の理解が交差するであろう．

筆者は以前音声学と音韻論に携わっていたので，日本語の音声と音韻も記述することにした．また近年意味論と語用論に接したので，日本語の意味と語用の特色を解説した．日本語の形態論については「語形変化」を中心に合理的に整理するようにこころがけた．

問題は統語論であった．統語分析において，信頼できる理論が見当たらなかった．しかし，最近フランスの言語学者ルシアン・テニエールの『構造統語論要説』を翻訳してみて，彼の結合価理論による統語分析方法により，いかなる言語でも，いかに複雑な文でも統語構造を引き出すことが可能となった．そこで彼の「転用」による統語分析を用いて日本語の構造を明示することにした．テニエールもある文の図系（構造）を立てることができれば，その文を理解したことになると述べている．

筆者も82歳の老境に入ったので，いままでに蓄積した知識を応用して，ここに『現代日本語文典』を書き上げて世に問う次第である．本書が21世紀の日本語文法の叩き台として，諸氏のご理解とご批判をいただくことを願っている．とにかく言語は文化の中核であるから，言語の構造分析は文化の形成と深くかかわっている．だからこうした合理的な言語理論に立脚した形態論と結合価理論の統語分析方法を適用した本書のような日本語文法の刊行に深い理解を示してくださった大学書林の佐藤政人社長に心からの謝意を表明しておく．

2008年2月20日

小泉　保

目　　次

まえがき ……………………………………………………………………… i

第1章　日本語の音声 ……………………………………………………… 1
1．母音 ……………………………………………………………………… 1
2．子音 ……………………………………………………………………… 2
⑴　閉鎖音　　⑵　摩擦音　　⑶　破擦音
⑷　鼻音　　　⑸　はじき音　⑹　半母音
⑺　促音と拗音

第2章　日本語の音素 ……………………………………………………… 8
1．音素の抽出 ……………………………………………………………… 8
　1）子音音素　2）母音音素
2．相補的分布 ……………………………………………………………… 9
　1）サ行音　2）ハ行音　3）タ行音
　4）ダ行とザ行音
3．五十音図 ……………………………………………………………… 11
4．促音と撥音 …………………………………………………………… 12
5．韻律的特徴 …………………………………………………………… 14
　1）音の長さ ………………………………………………………… 14
　2）音の高さ ………………………………………………………… 14
　3）拍の単位 ………………………………………………………… 17
　4）リズム …………………………………………………………… 19
練習問題（日本語の音声と音韻）……………………………………… 20

第3章　日本語の形態 …………………………………………………… 21
1．語形変化を行なう語 ………………………………………………… 21
⑴　動詞の語形変化 ……………………………………………… 21

目　次

- 1） 動詞語形変化の方式 …………………………………… 21
- 2） 従来の活用法 …………………………………………… 23
- 3） 動詞の過去形 …………………………………………… 23
- 4） 動詞の否定形 …………………………………………… 24
- 5） 動詞の副詞形 …………………………………………… 25
- 6） 動詞の条件法 …………………………………………… 25
- 7） 動詞の命令法 …………………………………………… 26
- 8） 動詞の意向法 …………………………………………… 26
- 9） 動詞の推量法 …………………………………………… 26
- 10） 動詞の述語形と形容詞形 …………………………… 27
- 11） 動詞の名詞化 ………………………………………… 27

(2) 形容詞の語形変化 ………………………………………… 28
- 1） 形容詞の語形変化方式 ………………………………… 28
  - (a) 直説法　(b) 条件法　(c) 推量法 1.2
  - (d) 要望法
- 2） 形容詞の名詞化 ………………………………………… 30
- 3） 形容詞の副詞化 ………………………………………… 30

(3) 準動詞の語形変化 ………………………………………… 31
- 1） 準動詞の機能 …………………………………………… 31
- 2） 準動詞の語形変化方式 ………………………………… 31
  - (a) 直説法　(b1) 条件法　(b2) 第2条件法
  - (c) 推量法

(4) 名詞と名容詞の相違 ……………………………………… 33
(5) 助動詞 ……………………………………………………… 34
- 1） 助動詞の機能 …………………………………………… 34
- 2） 従来の助動詞 …………………………………………… 35

(6) 動詞の態 …………………………………………………… 36
(7) 動詞の相 …………………………………………………… 37
- 1） 助動詞「いる」　2） 助動詞「しまう」
- 3） 助動詞「おく」　4） 助動詞「ある」

5）　助動詞「みる」
　(8)　動詞の法 ･･･ 39
　　　1）　語形変化による法（叙法）････････････････････････････ 39
　　　2）　語形変化によらない（法表現）････････････････････････ 39
　　　　(a)　認識的法表現 ････････････････････････････････････ 40
　　　　(b)　義務的法表現 ････････････････････････････････････ 40
　　　　(c)　その他の法表現 ･･････････････････････････････････ 41
２．語形変化を行なわない語 ････････････････････････････････････ 41
　(1)　格助詞 ･･ 41
　　　1）　格助詞の目録 ･･ 41
　　　2）　格助詞の体系 ･･ 43
　　　3）　空間の体系から時間と関係の体系へ ････････････････････ 45
　　　4）　格助詞の用法 ･･ 46
　　　《1》空間系列の用法　《2》文法系列の用法
　　　《3》付帯系列の用法　《4》有界系列の用法
　　　《5》格助詞「ガ」と「ハ」の用法

練習問題（日本語の形態）･･ 49
　(2)　副助詞 ･･ 50
　　　1）　並列の副助詞 ･･ 50
　　　2）　限定の副助詞 ･･ 50
　(3)　終助詞 ･･ 51
　(4)　接続助詞 ･･ 52
３．否定と疑問 ･･ 55
　(1)　否定表現 ･･ 55
　　　1）　動詞述語否定 ･･ 55
　　　2）　形容詞述語否定 ･･････････････････････････････････････ 55
　　　3）　名容詞述語否定 ･･････････････････････････････････････ 56
　　　4）　名詞述語否定 ･･ 56
　　　5）　結合否定 ･･ 56
　　　6）　核否定 ･･ 57

目　次

- (2) 疑問表現 ……………………………………………… 57
  - 1) 動詞述語の疑問 ………………………………… 58
  - 2) 形容詞述語の疑問 ……………………………… 58
  - 3) 名容詞述語の疑問 ……………………………… 58
  - 4) 名詞述語の疑問 ………………………………… 58
  - 5) 核疑問 …………………………………………… 58
- 4．一部変化する語 ……………………………………… 59
  - (1) 代名詞 ………………………………………………… 59
    - 1) 人称代名詞　2) 指示代名詞 ………………… 59
    - 3) 疑問代名詞　4) 不定代名詞 ………………… 60
    - 5) 否定形と疑問形 ………………………………… 61
      - (a) 否定形 ………………………………………… 61
      - (b) 疑問形 ………………………………………… 62
  - (2) 数詞 …………………………………………………… 62
    - 1) 和数詞　2) 漢数詞 …………………………… 62
    - 3) 助数詞 …………………………………………… 63
- 5．品詞の派生関係 ……………………………………… 65
  - (1) 名詞類 ………………………………………………… 65
  - (2) 形容詞類 ……………………………………………… 67
    - 1) 派生形容詞 ……………………………………… 67
    - 2) 本質形容詞 ……………………………………… 67
      - (a) 動詞的形容詞 ………………………………… 67
      - (b) 名詞的形容詞 ………………………………… 68
      - (c) 指示詞 ………………………………………… 68
  - (3) 副詞類 ………………………………………………… 69
    - 1) 派生副詞 ………………………………………… 69
    - 2) 本質副詞 ………………………………………… 69
    - 3) 副詞句と副詞節の構造 ………………………… 70
    - 4) 副詞句節の種類 ………………………………… 70
      - (a) 場所系列の副詞句節 ………………………… 70

(b)　時間系列の副詞句節 ……………………………………… 71
　　　(c)　条件の副詞句節 …………………………………………… 71
　　　(d)　原因，理由の副詞句節 …………………………………… 71
　　　(e)　譲歩の副詞句 ……………………………………………… 72
　　　(f)　目的の副詞句 ……………………………………………… 72
　　　(g)　様態の副詞句 ……………………………………………… 72
　　　(h)　程度の副詞句 ……………………………………………… 72
　　(4)　接続詞 ………………………………………………………… 73
　　　1）　接続詞の機能 ……………………………………………… 73
　　　2）　接続詞と接続助詞の用法 ………………………………… 74
　　　3）　接続詞の意味分類 ………………………………………… 74

第4章　日本語の統語 ……………………………………………… 75
1．結合 ………………………………………………………………… 75
2．行為項と状況項 …………………………………………………… 77
3．述語と行為項の数 ………………………………………………… 78
4．形容詞述語 ………………………………………………………… 79
5．名容詞述語 ………………………………………………………… 80
6．名詞述語 …………………………………………………………… 82
7．図系と話線 ………………………………………………………… 82
8．転用 ………………………………………………………………… 83
　(1)　名詞化 …………………………………………………………… 83
　　1）　名詞から形容詞へ ………………………………………… 83
　　2）　独立文を名詞化する方法 ………………………………… 84
　　3）　格助詞「と」に導かれる名詞節 ………………………… 86
　　4）　形式名詞を修飾する形容詞句 …………………………… 87
　　5）　副詞への転用 ……………………………………………… 89
　(2)　助動詞 …………………………………………………………… 91
　　1）　相的助動詞 ………………………………………………… 92
　　2）　直示的助動詞 ……………………………………………… 92

目　　次

　　　3）　恩恵的助動詞 ………………………………………………… 92
(3)　法表現の図系 …………………………………………………………… 95
　　　1）　認識的法表現 ………………………………………………… 95
　　　2）　義務的法表現 ………………………………………………… 96
　　　3）　その他の法表現 ……………………………………………… 97
　　　　c1)　推定の形容詞「らしい」　　c2)　比況の名容詞「ようだ」
　　　　c3)　伝聞の「そうだ」　　c4)　様態の「そうだ」
　　　　c5)　推量の「だろう」
(4)　重要構文 ……………………………………………………………… 100
　　　1）　存在構文と所有構文 ……………………………………… 100
　　　2）　行為構文と状態構文 ……………………………………… 101
　　　3）　強調構文 …………………………………………………… 102
　　　4）　慣用的表現の構造 ………………………………………… 104
　　　　(a)　「ものだ」　　　(b)　「ことだ」
　　　　(c)　「ことがある」　(d)　「ことはない」
　　　　(e)　「ことにする」　(f)　「ことだ」
　　　　(g)　「つもりだ」　　(h)　「のだ」
(5)　従属部の構造 ………………………………………………………… 107
　　　1）　名詞節と名詞句 …………………………………………… 107
　　　2）　形容詞句 …………………………………………………… 108
　　　3）　副詞節と副詞句 …………………………………………… 108
　　　4）　副詞的従属部の構成 ……………………………………… 108
(6)　接続助詞の構造 ……………………………………………………… 109
　　　1）　関係系列 …………………………………………………… 109
　　　2）　様態系列 …………………………………………………… 116
(7)　副助詞の構造 ………………………………………………………… 118
(8)　疑問文と否定文の構造 ……………………………………………… 123
　　　　(a)　疑問文の構造 …………………………………………… 123
　　　　(b)　否定文の構造 …………………………………………… 123
(9)　等位の構造 …………………………………………………………… 124

⑽　図系作成の手順 …………………………………………………… 129
　練習問題（日本語の統語） ……………………………………………… 132

第5章　日本語の意味と語用 …………………………………… 134
　1．意味論的分析 …………………………………………………… 134
　　⑴　語の意味分析 ……………………………………………… 134
　　　1）　意味成分 ……………………………………………… 134
　　　2）　含意 …………………………………………………… 135
　　　3）　内部形式 ……………………………………………… 135
　　⑵　文の意味構造 ……………………………………………… 137
　　　1）　「マエ」と「ウシロ」の意味分析 ………………… 140
　　　2）　疑問と否定 …………………………………………… 141
　　　　(a)　疑問文と前提 ……………………………………… 141
　　　　(b)　否定疑問の応答 …………………………………… 142
　2．語用論的分析 …………………………………………………… 142
　　⑴　直示 ………………………………………………………… 143
　　　1）　人称 …………………………………………………… 143
　　　2）　空間の直示 …………………………………………… 145
　　　　(a)　人称型指示詞
　　　　(b)　遠近型指示詞
　　　3）　時間の直示 …………………………………………… 147
　　　　(a)　時間移動・空間固定型 …………………………… 147
　　　　(b)　空間移動・時間固定型 …………………………… 148
　　　　(c)　時間の流れる方向 ………………………………… 148
　　　　(d)　時間の表現 ………………………………………… 148
　　　4）　談話の直示 …………………………………………… 150
　　　5）　社会的直示 …………………………………………… 150
　　　6）　直示動詞 ……………………………………………… 152
　　⑵　女性的表現 ………………………………………………… 153
　　⑶　丁寧さ ……………………………………………………… 154

目　次

- コラム1　国文法の活用 …………………………………… 156
- コラム2　活用から変化へ ………………………………… 157
- コラム3　対極性のカテゴリー …………………………… 159
- コラム4　形容動詞 ………………………………………… 160
- コラム5　国文法の連体形 ………………………………… 162
- コラム6　国文法の連用形 ………………………………… 163
- コラム7　国文法の助動詞 ………………………………… 164
- コラム8　繋辞（コピュラ） ……………………………… 165

転用分析による図系例(1)『雪国』川端康成 ……………………… 167
転用分析による図系例(2)『初恋』島崎藤村 ……………………… 169

練習問題の解答 ………………………………………………… 171
参考文献 ………………………………………………………… 180
あとがき ………………………………………………………… 183
索引 ……………………………………………………………… 185

第1章　日本語の音声

1. 母音

　日本語には母音音素として「ア」/a/,「イ」/i/,「ウ」/u/,「エ」/e/,「オ」/o/の5種類がある．これら音素はアクセントの高低により，それぞれ2種の異音をもっている．

　例えば，母音 /a/ であるが，「赤」[ɑka]「アカ」の調音において，前の母音 [ɑ] の方が後の母音の [a] よりも口の開きが大きく，舌の位置も後方にある．これに対し「垢」[akɑ]「アカ」のときは，前の母音の [a] の方が後にくる母音 [ɑ] よりも口の開きが狭く，舌の位置も前よりである．従がって，低アクセントの /a/ は，舌の位置が前よりで，口の開きも狭い [a] であり，高アクセントの /a/ では，舌の位置が後退し，口の開きも広い [ɑ] となる．

　同じように，母音 /o/ について観察すると，「琴」「コト」[kɔto] の場合，前の高アクセントの [ɔ] は，後の低アクセントの [o] よりも口の開きが大である．また，「事」「コト」[kotɔ] になると，逆に前の母音の [o] の方が，後の母音の [ɔ] よりも口の開きは狭くなる．

　また，母音 /e/ であるが，「駅」「エキ」[ɛkɪ] の母音 [ɛ] の方が，「易」「エキ」[eki] の [e] よりも口の開きは大となる．

　さて，母音 /i/ であるが，「息」「イキ」[ikɪ] と「行き」「イキ」[iki] とを比べてみると，高アクセントの [i] の方が，低アクセントの [ɪ] に比べ舌の位置がやや高く感じられる．

　さらに，音素 /u/ について観察すると，「好く」「スク」[sɯkɯ] では，前の高い母音 [ɯ] の方が，後の低い母音 [ɯ] よりも舌の位置がやや高い．これに対し「梳く」「スク」[sɯkɯ] の場合は，前の低い母音の [ɯ] の方が，後の高い母音の [ɯ] よりも舌の位置がやや低い．なお，音声記号の [ɯ]

は舌の位置がやや高い [ɯ] を表わしている．

以上の母音調音の構えの違いから，日本語の 5 つの母音音素は，アクセントの高と低により，それぞれ音価の異なる 2 種の異音をもっていることが分かる．よって，日本語では次のような 10 個の母音が用いられていることになる．

（高アクセント母音） （低アクセント母音）　　聴覚的母音の配列図

/a/	[ɑ̝]	[a]
/o/	[ɔ̝]	[o]
/e/	[ɛ̝]	[e]
/i/	[i̝]	[ɪ]
/u/	[ɯ̝]	[ɯ]

[˔] は「高め」の符号．

ここで用いられている音声記号の [ɪ] は英語の [ɪ] よりも舌の位置がやや高い．また，[o] と [ɔ] は唇を丸めた円唇母音であるが，[ɯ] は唇を横に張った非円唇の母音で，英語の唇を丸めた [u] とは異なる．なお，母音の配列図の中に書き込まれた → は，高アクセントから低アクセントへ移る際の舌の移動を示している．

母音 [i] については，とくに説明が必要である．口を静かに閉じた状態で，舌が前歯に触れている部分を「舌先」，舌が歯茎に接している部分を「舌端」と呼んでいる．日本語の「イ」を単独で発音してみると，舌先が下歯に接している．これは日本語の「イ」が「舌端音」であることを示している．このために，「シ」は [ʃi] となり，「チ」は [tʃi] と調音される．「ティ」[ti] を発音するためには，努力して舌先を上げなければならない．

2．子音

(1) 閉鎖音

1）[p]　[b] 両唇閉鎖音：上下の唇を接して，口腔内の吐く息（呼気）の

第1章　日本語の音声

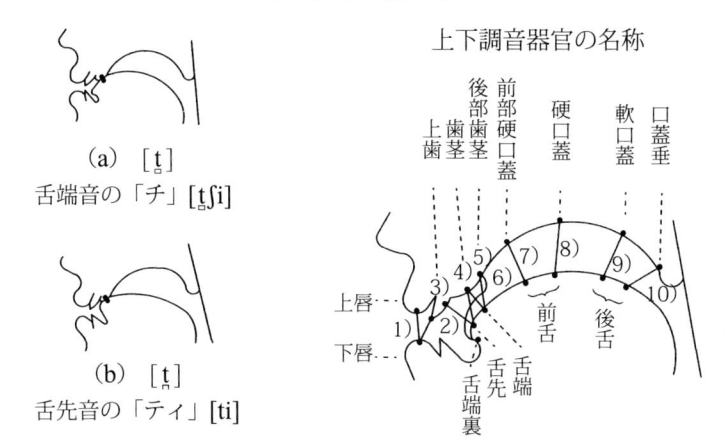

(a) [t̺]
舌端音の「チ」[t̺ʃi]

(b) [t̻]
舌先音の「ティ」[t̻i]

上下調音器官の名称

上歯歯茎／後部歯茎／前部硬口蓋／硬口蓋／軟口蓋／口蓋垂

上唇　下唇　舌端裏　舌先　舌端　前舌　後舌

圧力を強めてから，開放する．無声音のパ行音と有声音のバ行音の子音．1)の位置で調音される）

2) [t̺] [d̺] 舌端歯茎閉鎖音（図a）：舌端を歯茎に接して，口腔内の呼気の圧力を強めてから，開放する．無声の「タ　テ　ト」有声の「ダ　デ　ド」の子音．4)の位置で調音される）

[t̻] [d̻] 舌先歯茎閉鎖音(図b)：舌先を歯茎に接して，口腔内の呼気を強めてから開放する．「ティ」[t̻i]と「ディ」[d̻i]を調音するとき用いられる．4)の位置で調音される）

3) [k] [g] 後舌軟口蓋閉鎖音：後舌を軟口蓋に接して，口腔内の呼気を高めて開放する．9)の位置で調音される）
カ行とガ行の子音．

(2) 摩擦音

1) [ɸ] 無声両唇摩擦音：上下の唇を近づけ，その透き間から無声の摩擦音を立てる．1)の位置で調音される）
「フ」[ɸɯ]や「ファ」[ɸa]，「フィ」[ɸi]，「フェ」[ɸɛ]，「フォ」[ɸɔ]のときに用いられる．

2) [s] 無声舌端摩擦音：舌端部を歯茎に近づけて無声の摩擦音を立てると，「サ」[sa]「ス」[sɯ]，「セ」[sɛ]，「ソ」[sɔ]の子音となる．4)の位置で調音される）

3）[ʃ] 無声後部歯茎摩擦音：舌端部を後部歯茎に近づけて無声摩擦音を立てると,「シ」[ʃi] の子音となる．5) の位置で調音される）

4）[ç] 無声硬口蓋摩擦音：前舌を硬口蓋に近づけて無声摩擦音を立てると,「ヒ」[çi] の子音となる．8) の位置で調音される）

5）[h] 無声声門摩擦音：声門で無声の摩擦音を発生させると,「ハ」[hɑ],「ヘ」[hɛ],「ホ」[hɔ] の子音となる．

(3) 破擦音：閉鎖の開放をゆるやかに行なうと閉鎖音に摩擦音が連続して破擦音となる．

1）[ts] [dz] 歯茎破擦音：歯茎部で閉鎖して破擦音を出すと, 無声では「ツ」[tsɯ], 有声では「ズ」[dzɯ] となる．有声の [dz] は, さらに「ザ」[dzɑ] と「ゼ」[dzɛ],「ゾ」[dzɔ] の子音にもなる．

2）[tʃ] [dʒ] 後部歯茎破擦音：後部歯茎部で閉鎖し破擦音を出すと, 無声では「チ」[tʃi], 有声では「ジ」[dʒi] の子音となる．

(4) 鼻音

鼻音は口腔内で閉鎖を作り, 軟口蓋を下げて鼻腔へ呼気を通すことにより形成される．

1）[m] 両唇鼻音：上下の唇を閉じて, 鼻腔から息を通すと,「マ」[mɑ] 行の子音となる．1) の位置で閉鎖される）

2）[n] 歯茎鼻音：舌端を歯茎に付けて, 息を鼻腔へ通すと,「ナ」[nɑ],「ヌ」[nɯ],「ネ」[nɛ],「ノ」[nɔ] の子音となる．4) の位置での閉鎖）

3）[ɲ] 硬口蓋鼻音：前舌面を硬口蓋につけて, 息を鼻腔へ通すと,「ニ」[ɲi] の子音となる．8) の位置で閉鎖される）

4）[ŋ] 軟口蓋鼻音：後舌面を軟口蓋につけて, 息を鼻腔へ流すと, 鼻音の「ガ」[ŋɑ] 行音が成立する．方言によっては, この軟口蓋鼻音がなく, 代わりに有声軟口蓋閉鎖音の

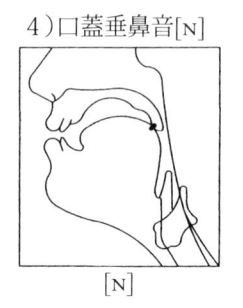

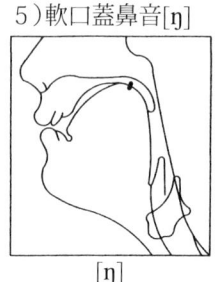

4）口蓋垂鼻音[ɴ]　　5）軟口蓋鼻音[ŋ]

[ɴ]　　[ŋ]

「ガ」[ga] を用いる地域がある．9) の位置で閉鎖される）

5) [N] 口蓋垂鼻音：後舌面を軟口蓋よりさらに奥にある口蓋垂に接して発する鼻音で，「ン」[N] で表記される日本語特有の鼻音である．10) の位置で閉鎖される）

「鍵」「カギ」[kaŋi] の軟口蓋鼻音の [ŋ] では，舌先が下の前歯に触れているが，「簡易」「カンイ」[kaNi] の口蓋垂鼻音では，舌先が上がって宙に浮いている．この鼻音は語末もしくは母音の前に現われる．「剣」「ケン」[kɛN]，「嫌悪」「ケンオ」[kɛNo] など．

(5) はじき音

1) [ɽ] はじき音：日本語の「ラ」[ɽ] 行音の子音であるが，「アラ」[aɽa]，「アレ」[aɽɛ]，「コレ」[koɽɛ] と調音するとき，舌先が奥から前方へと，歯茎をこすりながら倒れていく．
これは反り舌のはじき音で [ɽ] と表記される．

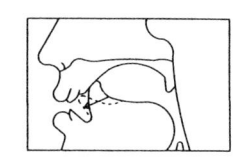

なお，はじき音は正確には，「舌端裏後部歯茎音」と呼ばれる．[r] 音は，舌先を歯茎へ数回こすりつける「ふるえ音」で，イタリア語やロシア語などで見受けられる．

(6) 半母音

1) [j] 硬口蓋半母音：「ヤ」[ja] の子音の [j] では，舌面が硬口蓋へ向かって上がり，母音の「イ」[i] よりもさらに口蓋に近づく．そして急速に舌面が「ア」の位置へと下がる．この音は引き延ばすことができないので，「わたり」音とも呼ばれている．他に「ユ」[jɯ] と「ヨ」[jɔ] がある．

2) [w] 両唇半母音：「ワ」[wa] の場合は，上下の唇が接近して [w] の構えになるが，すぐに母音の「ア」[a] へ移っていく．

以上の記述から，日本語の子音は次のようにまとめられる．

(上位調音器官)	両唇	歯茎	後部歯茎	硬口蓋	軟口蓋	口蓋垂	声門
閉鎖音	p b	t d			k g		
摩擦音	ɸ	s z	ʃ ʒ	ç			h
破擦音		ts dz	tʃ dʒ				
鼻音	m	n		ɲ	ŋ	N	
はじき音		ɾ					
半母音	w			j			

(7) 促音と拗音

1) 促音：「つまる音」とも言われているが，閉鎖音や摩擦音が長めに調音されることで，「ッ」と表記されている．「一杯」「イッパイ」[ippaɪ]，「一体」「イッタイ」[ɪttɑi]，「一回」「イッカイ」[ɪkkɑi]，「一切」「イッサイ」, [issaɪ]，「一生」「イッショウ」[ɪʃʃɔ:]，「一丁」「イッチョウ」[ɪttʃɔ:] など．

2) 拗音：拗音は，子音を調音するに当たり，前舌を硬口蓋へ向かって隆起させる構えのことで，「口蓋化」と呼ばれている．日本語では，口蓋化していない「直音」と口蓋化している「拗音」が対立して，ペアをなしている．

いま，非口蓋化の直音「パ」[pɑ] と口蓋化した拗音の「ピャ」[pʲɑ] を比較してみよう．

なお，口蓋化の記号は j の小さい記号を口蓋化された子音の右肩に付けて表わされる．

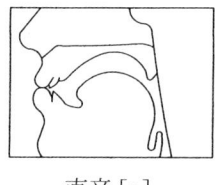

直音 [p]   拗音 [pʲ]

(a) 直音「パ」[pɑ] の構え   (b) 拗音「ピャ」[pʲɑ] の構え

(a), (b) ともに上下の唇を閉じているが，直音の「パ」では，舌面が下がっているのに対し，拗音の「ピャ」では，前舌が硬口蓋へ向かって盛り上がっている．唇の閉鎖が開放されると，直音の方はそのまま口が開く．ところが拗音の方では，盛り上がった下面が急速に降下して「ア」の構えに入る．

　日本語では，拗音は，イ段の文字「ピ」に小さな「ャ，ュ，ョ」を付けて表わされるし，ローマ字では，/pya/ と表記されるが，音声表記では，次のような配慮が必要となる．

「ピャ」「ピュ」「ピョ」　[pʲa]　　[pʲɯ]　　[pʲɔ]
「ビャ」「ビュ」「ビョ」　[bʲa]　　[bʲɯ]　　[bʲɔ]
「キャ」「キュ」「キョ」　[kʲa]　　[kʲɯ]　　[kʲɔ]
「ギャ」「ギュ」「ギョ」　[gʲa]　　[gʲɯ]　　[gʲɔ]
「チャ」「チュ」「チョ」　[tʃa]　　[tʃɯ]　　[tʃɔ]
「ジャ」「ジュ」「ジョ」　[dʒa]　　[dʒɯ]　　[dʒɔ]
「シャ」「シュ」「ショ」　[ʃa]　　　[ʃɯ]　　　[ʃɔ]
「ヒャ」「ヒュ」「ヒョ」　[çʲa]　　[çʲɯ]　　[çʲɔ]
「ミャ」「ミュ」「ミョ」　[mʲa]　　[mʲɯ]　　[mʲɔ]
「ニャ」「ニュ」「ニョ」　[ɲa]　　　[ɲɯ]　　　[ɲɔ]
「リャ」「リュ」「リョ」　[ɾʲa]　　[ɾʲɯ]　　[ɾʲɔ]

　また，直音「カ」[ka] と拗音「キャ」[kʲa] を比べてみると，「キャ」の場合には，下唇の縁が横に引き広げられていることが分かる．このような口辺の緊張が前舌面の隆起を示していると考えられる．（詳しくは拙著『改訂音声学入門』（2003）：78−81 頁を参照されたい）

第 2 章　日本語の音素

　言語音声は発音器官によって調音された音声である．これを聞き取るときは音素体系を通して認知される．

1．音素の抽出

　音素は語の意味を区別する働きのある最小の音声的単位である．そこで，語を構成する 1 つの子音，もしくは母音を入れ換えた場合，語の意味が変われば，それで音素を取り出すことができる．1 つの音を除いて他の音声配列を同じくする 2 つの語を「最小対語」と呼んでいる．こうした最小対語を探し出せば，音素の抽出は容易である．

1）子音音素

　動詞の「書く」[kakɯ]，「撒く」「makɯ」，「掃く」[hakɯ] の対立から，音素 /k/, /m/, /h/ を取り出すことができる．さらに，「咲く」[sakɯ]，「泣く」[nakɯ]，「炊く」[takɯ]，「抱く」[dakɯ]，「湧く」[wakɯ]，「焼く」[jakɯ] の対立から，音素 /s/, /n/, /d/, /w/, /y/ を加えることができる．なお，[j] の子音であるが，分かりやすいので，音素 /y/ と書き換えることにした．名詞からの例を加えると，「額」[gakɯ]，「楽」[ɾakɯ] から，音素 /g/ と /r/ が取り出される．また，「パイ」[paɪ]，「倍」[baɪ]，「財」[dzaɪ] の対立から，音素 /p/, /b/ と /z/ を認めることができる．[dz] は複合音素であるが，日本語の基本的な拍構造が CV（子音＋母音）であるので，単一音素 /z/ を設定した．かくて，日本語の子音音素として，/p, t, k, b, d, g, s, z, h, m, n, r, w, y/ の 14 個が認定された．

2）母音音素

　次の最小対語をなす動詞：「刈る」「カル」[kaɾɯ]，「着る」「キル」[kɪɾɯ]，「来る」「クル」[kɯɾɯ]，「蹴る」「ケル」[kɛɾɯ]，「凝る」「コル」[kɔɾɯ]

から5つの母音音素 /a, i, u, e, o/ が取り出される．

2．相補的分布

先に述べたように，母音については，アクセントの高い場合と低い場合で，それぞれの母音の音価に差異が見られる．

[音素]	/a/	/i/	/u/	/e/	/o/
高アクセント	[ɑ]	[i]	[ɯ]	[ɛ]	[ɔ]
低アクセント	[a]	[ɪ]	[ɯ̥]	[e]	[o]

なお，高アクセントは音素記号において，「 ̄」のマークで囲んで表わすことがある．例：アカイ /a ̄kai/，シロイ /ʃi ̄ro ̄i/．

各母音が2つの異音をもち，これらがアクセントの高の位置と低の位置を占めて，互いに相補う形で分布している．複数の類似した異音が相補的分布をなすとき，これらは1つの音素にまとめられると見なされる．なお，音素は斜線 // で囲まれ，異音は [ ] で括って表わされる．

1）サ行音の相補的分布   異音　音素

[母音音素]	/a/	/i/	/u/	/e/	/o/	[s]
無声歯茎摩擦音 [s]	[sɑ]		[sɯ̥]	[sɛ]	[sɔ]	
無声後部歯茎摩擦音 [ʃ]		[ʃi]			[ʃ]	

→ /s/

無声歯茎摩擦音 [s] は，母音 /a/, /u/, /e/, /o/ と結合するが，無声後部歯茎摩擦音 [ʃ] は母音 /i/ と結合する．すなわち，摩擦音 [s] と [ʃ] は，相補う形で5つの母音を担当しているので，相補的分布をなしている．そこで，異音の [s] と [ʃ] は音素 /s/ にまとめられる．また，音素 /s/ は異音 [s]，もしくは異音 [ʃ] となって実現する．

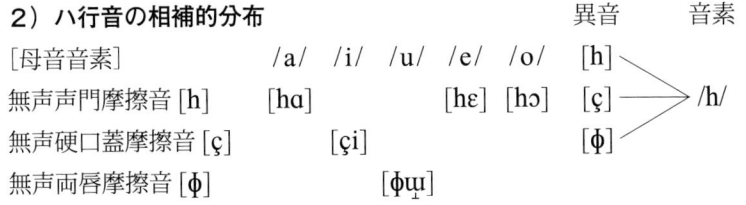

2）ハ行音の相補的分布   異音　音素

[母音音素]	/a/	/i/	/u/	/e/	/o/	[h]
無声声門摩擦音 [h]	[hɑ]			[hɛ]	[hɔ]	[ç]
無声硬口蓋摩擦音 [ç]		[çi]				[ɸ]
無声両唇摩擦音 [ɸ]			[ɸɯ̥]			

→ /h/

ここでは，3種の無声摩擦音 [h] [ç] [ɸ] が相互に相補って音素 /h/ を形

成している．要するに，これら異音は音素 /h/ の具体化したものである．

3）タ行音の相補的分布

[母音音素]	/a/	/i/	/u/	/e/	/o/	異音	音素
無声歯茎閉鎖音 [t]	[tɑ]			[tɛ]	[tɔ]	[t]	
無声後部歯茎破擦音 [tʃ]		[tʃi]				[tʃ]	/t/
無声歯茎破擦音 [ts]			[tsɯ]			[ts]	

ここでも，閉鎖音を含む3つの異音 [t] [tʃ] [ts] が相補的分布によって，1つの音素 /t/ にまとめられる．すると，タ行の音素結合は /ta/ /ti/ /tu/ /te/ /to/ となる．しかし，戦後「地位」[tʃiː] と「ティー」[tiː] が対立するようになったので，後者の [tiː] の方を音素結合 /ti/ と解釈しなければならなくなる．すると，前者の [tʃiː] の方は「チャ」行に編入されることになろう．

チャ行	「チャ」	「チ」	「チュ」	「チェ」	「チョ」
	[tʃɑ]	[tʃi]	[tʃɯ]	[tʃɛ]	[tʃɔ]
	/tya/	/tyi/	/tyu/	/tye/	/tyo/

なお，「チェ」は「チェック」[tʃɛ̚kkɯ] のような外来語に用いられている．

4）ダ行とザ行音の相補的分布

ダ行とザ行は複合した相補的分布を示している．

[母音音素]	/a/	/i/	/u/	/e/	/o/
ダ行　有声歯茎閉鎖音 [d]	[dɑ]	[di]		[dɛ]	[dɔ]
ザ行　有声歯茎破擦音 [dz]	[dzɑ]		[dzɯ]	[dzɛ]	[dzɔ]
有声後部歯茎破擦音 [dʒ]		[dʒi]			

戦後「バースディー」のように，「ディー」[diː] という調音が可能となった．戦前は「バースデー」としか言えなかった．現在では「ディスコ」[di̥sɯko] などよく耳にする．

2種の破擦音 [dz] と [dʒ] は相補分布をなしているから，音素として /z/ が認められる．

そこで，ダ行として，/da/ /di/ 　　/de/ /do/,
　　　　ザ行として，/za/ /zi/ /zu/ /ze/ /zo/ を認めることが

できる．
　だが，「ジ」[dʒi] について，「ジャ」行なるものの成立する可能性がでてきている．

　　　　ジャ行　［母音音素］　　　　/a/　　/i/　　/u/　　/e/　　/o/
　　　　　　有声後部歯茎破擦音　[dʒɑ]　[dʒi]　[dʒɯ]　[dʒɛ]　[dʒɔ]
　　　　　　　　　　　　　　　　「ジャ」「ジ」「ジュ」「ジェ」「ジョ」

　これは，「ジェスチャー」[dʒɛsɯtʃaː] のような外来語が認められたためで，「ジェ」[dʒɛ]/zye/ の音が入ってくると，ジャ行が揃うことになる．そうすると，ザ行の「ジ」の席が欠落してしまう．

3．五十音図

　戦前の五十音図は，直音と拗音を対立させる方式で組み立てられていた．だが，戦後は英語の影響を受けて大きく変容してきた．すでにチャ行やジャ行の成立について考察してきたが，問題は「ファ」行にある．従来のハ行では，「フ」[ɸɯ] のみが無声両唇摩擦音を保持していた．だが，いまや [ɸ] 音は 5 つの母音全部と結合するようになってきた．

　　［母音音素］　　/a/　　　　/i/　　　　/u/　　　　/e/　　　　/o/
　　　　　　　ファ[ɸa]　フィ[ɸi]　フ [ɸɯ]　フェ[ɸɛ]　フォ[ɸɔ]
　（語例）「ファイト」「フィールド」　従来のフ　「フェイス」「フォト」

　このように，ファ行が成立すると，ハ行に席のあった「フ」がファ行へ移籍することになり，ハ行に空席が生じてしまう．
　ここで，現時点の五十音図（音素結合表）を検討してみよう．＊は外来音を示す．
　（直音系列）

/pa/ パ	/pi/ ピ	/pu/ プ	/pe/ ペ	/po/ ポ
/ba/ バ	/bi/ ビ	/bu/ ブ	/be/ ベ	/bo/ ボ
/ta/ タ	*/ti/ ティ	/tu/ ツ	/te/ テ	/to/ ト
/da/ ダ	*/di/ ディ		/de/ デ	/do/ ド
/ka/ カ	/ki/ キ	/ku/ ク	/ke/ ケ	/ko/ コ

/ga/ガ　　　/gi/ギ　　　/gu/グ　　　/ge/ゲ　　　/go/ゴ
*/ɸa/ファ　*/ɸi/フィ　/ɸu/フ　　*/ɸe/フェ　*/ɸo/フォ
/ha/ハ　　　/hi/ヒ　　　　　　　　/he/ヘ　　　/ho/ホ
/sa/サ　　　/si/シ　　　/su/ス　　/se/セ　　　/so/ソ
/za/ザ　　　　　　　　　/zu/ズ　　/ze/ゼ　　　/zo/ゾ
/ra/ラ　　　/ri/リ　　　/ru/ル　　/re/レ　　　/ro/ロ
/ya/ヤ　　　　　　　　　/yu/ユ　　　　　　　　/yo/ヨ
/wa/ワ　　　　　　　　　　　　　　　　　　　　/Q/ッ　/N/ン
（拗音系列）
/pya/ピャ　　　　　　　/pyu/ピュ　　　　　　　/pyo/ピョ
/bya/ビャ　　　　　　　/byu/ビュ　　　　　　　/byo/ビョ
/tya/チャ　/tyi/チ　　　/tyu/チュ　/tye/チェ　/tyo/チョ
/zya/ジャ　/zyi/ジ　　　/zyu/ジュ　*/zye/ジェ　/zyo/ジョ
/kya/キャ　　　　　　　/kyu/キュ　　　　　　　/kyo/キョ
/gya/ギャ　　　　　　　/gyu/ギュ　　　　　　　/gyo/ギョ
/hya/ヒャ　　　　　　　/hyu/ヒュ　　　　　　　/hyo/ヒョ
/sya/シャ　　　　　　　/syu/シュ　　　　　　　/syo/ショ
/rya/リャ　　　　　　　/ryu/リュ　　　　　　　/ryo/リョ

4．促音と撥音

1）促音は閉鎖音や摩擦音の連続として表わされる．

一杯「イッパイ」　　　[ippaɪ]　　[p]の前は[p]
一体「イッタイ」　　　[ɪttɑi]　　[t]の前は[t]
一回「イッカイ」　　　[ɪkkɑi]　　[k]の前は[k]
一切「イッサイ」　　　[issaɪ]　　[s]の前は[s]
一生「イッショウ」　　[ɪʃʃɔː]　　[ʃ]の前は[ʃ]
一致「イッチ」　　　　[ɪttʃi]　　[tʃ]の前は[t]

促音は，その後にくる閉鎖音もしくは摩擦音と同質の音である．閉鎖音と摩擦音および破擦音をまとめて「阻害音」と呼んでいる．促音は阻害音

の前に現われ，後にくるそれぞれの阻害音を分担していることになり，相補的である．そこで，促音の音素を /Q/ とし，その直後にくる阻害音として実現すると解釈すればよい．促音は無声の阻害音の前に立つが，外来音の場合は有声音の前にもくる．（例）「ベッド」[bɛddo], 「バッグ」[baggɯ].

2）撥音は鼻音の前に現われる．

　　鼻音 [m]　「甲板」「カンパン」[kampaɴ]　「看板」「カンバン」[kambaɴ]
　　鼻音 [n]　「歓待」「カンタイ」[kantai]　「寛大」「カンダイ」[kandai]
　　鼻音 [ŋ]　「関係」「カンケー」[kaŋkɛ:]　「歓迎」「カンゲー」[kaŋŋɛ:]
　　鼻音 [n]　「完成」「カンセー」[kansɜ:]　「関税」「カンゼー」[kanzɛ:]
　　鼻音 [n]　「監視」「カンシ」[kanʃi]　　「漢字」「カンジ」[kanʒi]
　　鼻音 [ŋ]　「緩和」「カンワ」[kaŋwa]
　　鼻音 [n]　「管理」「カンリ」[kanɾi]
　　鼻音 [ɲ]　「関与」「カンヨ」[kaɲjo]
　　鼻音 [ɲ]　「堪忍」「カンニン」[kaɲɲiɴ]

以上の例から，それぞれの鼻音の現われる位置は次のようにまとめられる．

　[-mp-]　[-mb-] の両唇鼻音 [m] は，両唇音 [p, p] の前に，
　[-nt-]　[-nd-] の歯茎鼻音 [n] は，歯茎音 [t, d] の前に，
　[-ɲɲ-]　[-ɲj-] の硬口蓋鼻音 [ɲ] は，硬口蓋音 [j] の前に，
　[-ŋk-]　[-ŋŋ-] の軟口蓋鼻音 [ŋ] は，軟口蓋鼻音 [k, ŋ] の前に，
　[-ns-]　[-nz-] と [-nʃ-] [-nʒ-] [-nɾ-] の歯茎鼻音 [n] は，（後部）歯茎音 [s, z, ʃ, ʒ, ɾ] の前に現われる．

これらの鼻音 [m, n, ɲ, ŋ] は，その後に続く子音と同じ場所で発する鼻音であることが分かる．つまり，これらの鼻音はそれぞれ後続する子音を相補の形で分担しているので，これらの鼻音を代表する鼻音の音素 /N/ を設定することができる．この鼻音音素 /N/ が指定された位置で，いずれかの鼻音となって実現すると解釈される．

なお，別に口蓋垂鼻音の [ɴ] は，語末，もしくは母音の前に出現する．「ペン」[pɛɴ], 「転移」「テンイ」[tɛɴi] など．

５．韻律的特徴

音声の韻律的特徴として，音の長さ，強さ，高さがある．

１）音の長さ

日本語の母音と子音には長短の別がある．

(a) 母音：[ɑ]：[ɑ:]「おばさん」「オバサン」[obasaɴ]：「おばあさん」「オバアサン」[obaasaɴ]
[i]：[i:]「おじさん」「オジサン」[odʒisaɴ]：「おじいさん」「オジイサン」[odʒiːsaɴ]
[e]：[e:]「亀」「カメ」[kɑme]：「家名」「カメー」[kɑme:]
[o]：[o:]「黒」「クロ」[kɯɾo]：「苦労」「クロー」[kɯɾo:]
[ɯ]：[ɯ:]「欠く」「カク」[kakɯ]：「架空」「カクー」[kakɯ:]

(b) 子音：[t]：[tt]「来た」「キタ」[kita]：「切った」「キッタ」[kitta]
[k]：[kk]「策」「サク」[sɑkɯ]：「サック」「サック」[sɑkkɯ]
[s]：[ss]「委細」「イサイ」[isaɪ]：「一切」「イッサイ」[issaɪ]
[ʃ]：[ʃʃ]「菱」「ヒシ」[çɪʃi]：「必死」「ヒッシ」[çɪʃʃi]
[tʃ]：[ttʃ]「一」「イチ」[ɪtʃi]：「一致」「イッチ」[ɪttʃi]
[m]：[mm]「波紋」「ハモン」[hamɔɴ]：「煩悶」「ハンモン」[hammɔɴ]
[n]：[nn]「骨」「ホネ」[honɛ]：「本音」「ホンネ」[honnɛ]
[ɲ]：[ɲɲ]「他人」「タニン」[taɲiɴ]：「担任」「タンニン」[taɲɲiɴ]
[ŋ]：[ŋŋ]「影」「カゲ」[kaŋe]：「歓迎」「カンゲー」[kaŋŋe:]

ただし，[p]：[pp]の対立は見当たらない．だが，母音と子音の両方に長と短の区別をもつ言語は世界でも数少ない．

２）音の高さ

日本語では音の高さを「アクセント」と呼んでいるが，アクセントの高と低には語の意味を区別する（弁別的な）働きがある．

例えば，「雨」「アメ」[ame]では，「ア」の方が高く，「メ」の方が低い．逆に「飴」「アメ」[amɛ]の場合は，「ア」が低で，「メ」が高である．このように，高低アクセントの組み合わせが意味の区別を引き起こしている．

第2章　日本語の音素

　日本語の母音は高か低のいずれかのアクセントをもっているが，高アクセントでは声帯の振動が早く，低アクセントでは振動が遅い．なお，高と低アクセントでは同一母音音素の音質が異なることはすでに説明しておいた．

　日本語では，母音に子音もしくは半母音が結びついて「拍」（モーラ）という単位を形成する．拍はいわゆる音節より小さな単位である．直音は「子音＋母音」で拍となるが，拗音では「子音＋半母音（y）＋母音」で拍を構成する．また，母音は単独で拍をなす．

　さて，一拍の語にもアクセントが弁別的に作用している．「日が出た」「ヒガデタ」[çɪŋadɛta] では，「ヒ」[çɪ] のアクセントは低い．「火が出た」「ヒガデタ」[çiŋadɛta] では，「ヒ」[çi] のアクセントは高い．同じことが1拍の語の「芽」[mɛ] や気 [kɪ] についても言える．これに対する高アクセントの語は「目」[mɛ] や「木」[ki] である．

　a)「箸が長い」「ハシガナガイ」[haʃɪŋanaŋaɪ]
　b)「橋が長い」「ハシガナガイ」[haʃiŋanaŋaɪ]
　c)「端が長い」「ハシガナガイ」[haʃiŋanaŋaɪ]

　a) の「箸」では，語頭「ハ」のアクセントが高い．b) の「橋」と c)「端」では，語末の「シ」が高いアクセントである．さらに，助詞「ガ」のアクセントは，c) の場合のみ高くなる．そこで，助詞のアクセントが高くなる場合を「平板型」，低いものを「起伏型」と呼んでいる．いま，拍を○で，助詞を△で表わせば，次のように図示することができる．

　　「箸が」「ハシガ」　○̄　○　△　（起伏型）
　　「橋が」「ハシガ」　○　○̄　△　（起伏型）
　　「端が」「ハシガ」　○　○̄　△̄　（平板型）

　さらに，3拍の語について観察すると，次のようにまとめられる．

　　「兜が」「カブトガ」　○̄　○　○　△　（頭高）　⎫
　　「心が」「ココロガ」　○　○̄　○　△　（中高）　⎬　起伏型
　　「男が」「オトコガ」　○　○̄　○̄　△　（尾高）　⎭
　　「桜が」「サクラガ」　○　○̄　○̄　△̄　　　　　平板型

　起伏型では，語頭に高アクセントがくるものを「頭高（あたまだか）」，語中にくるも

15

のを「中高」，語末にくる場合を「尾高」と呼んでいる．

いま，高アクセントから低アクセントに移る拍を「アクセント核」として，○⌐のように，拍の右肩に⌐印をつけて表わすことにすると，1拍と2拍の語を含めて次のような表にまとめることができる．

	1拍語	2拍語	3拍語		
	「火」○⌐△	「箸」○⌐○ △	「兜」○⌐○ ○ △	頭高	
			「心」○ ○⌐○ △	中高	起伏
		「橋」○ ○⌐△	「男」○ ○ ○⌐△	尾高	
	「日」○ △	「端」○ ○ △	「桜」○ ○ ○ △		平板

3拍の語を観察すると，アクセント核の○⌐が順次後退しながら下りてきて，最低の語にはアクセントの核がないことに気づくであろう．つまりアクセント核のない語が平板型ということになる．

さて，1拍の語には2つのタイプが，2拍の語には3つのタイプ，3拍の語には4つのタイプを含んでいるので，アクセントのタイプは「拍数＋1」だけあることになる．だから，「アサガオ」のような4拍の語には5つのタイプが予想される．

ここに紹介したのは東京式アクセントで，5類に分けられる．第1類（平板）「庭，鳥，牛，風，口」など，第2類（頭高1）「石，川，橋，夏，雪」など，第3類（頭高2）「山，犬，足，色，池」など，第4類（尾高1）「末，笠，息，舟，海」など，第5類（尾高2）「猿，婿，雨，声，秋，春」など．2拍の語はこれら5類のいずれかのタイプに語群をなして所属している．だから方言においては，タイプによりまとまって変化するから，語が単独でタイプを変えることはない．ここまでは，名詞のアクセントのタイプを紹介したが，形容詞にもアクセントのタイプが認められる．3拍の形容詞について調べてみると，

  (a)「赤い」「アカイ」　　(b)「白い」「シロイ」
    「遅い」「オソイ」　　　　「早い」「ハヤイ」

(a)のような平板型と，(b)のような中高型が見受けられる．これら形容詞の内，中高型の形容詞は副詞形になると，アクセントが移動して頭高型となる．

中高型形容詞 「シロイ」　　（副詞形）「シロク」（頭高型）
平板型形容詞 「アカイ」　　（副詞形）「アカク」（平板型）
平板型の形容詞は副詞形もそのまま平板型である．

3）拍の単位

英語では，まず母音を中心にして子音が集まって音節の単位を構成する．その場合，母音の前に立つ子音群を「出だし」，母音の後に来る子音群を「結び」と呼ぶ．なお，母音自体は「核」と称する．いま，man [mæn]「人」と strip [strɪp]「剥ぎ取る」という語の音節構造は次のように分析されている．

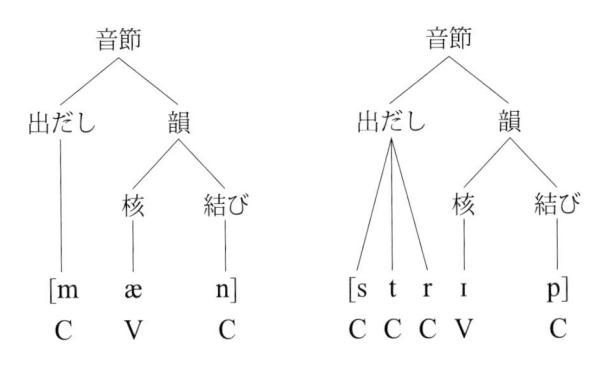

```
        音節                    音節
       /    \                  /    \
    出だし   韻              出だし    韻
            /  \             /|\     /  \
           核  結び          / | \   核  結び
           |    |           |  |  |  |    |
          [m   æ   n]      [s  t  r  ɪ    p]
           C   V   C        C  C  C  V    C
```

まず，音節は出だしと韻に分裂し，韻はさらに核（母音）と結びに分裂すると説明されている．日本語の拍の構造は基本的には「子音＋母音」（出だし＋韻）で結びの子音はもたない．英語の key [kiː]「鍵」は長母音から成る1音節語と捉えられているが，日本語の「キー」は「キイ」のように，2拍の語と見なされている．このように，拍（モーラ）の立場では長母音＝短母音＋短母音と分解される．「拍」は「モーラ」とも呼ばれている．

拍には，次の4つのタイプがある．Cは子音，Vは母音を表わしている．

(a) C V　　(b) C S V　　(c) V　　(d) M
　 /ka/　　　 /kya/　　　/a/　　　/Q/〜/N/

(b)の CSV の S は拗音における半母音の /y/ 要素を意味する．(d)の M は「モーラ音素」，すなわち促音の /Q/ 音素と撥音の /N/ 音素を指している．

まず音声を音素化し，音素の配列を上の拍基準で区切れば拍の数を取り出すことができる．例えば，「小学校」[ʃoɔŋakkoo] /syoogakkoo/ は CSV-V-CV-M-CV-V と 6 拍の語と評価できる．同じく，「百科事典」[çjakkɑdʒiteɴ] /hyakkaziteN/ は CSV-M-CV-CV-CV-M となり，6 拍語と受け止められる．

先に示した英語の /strip/ は 1 音節であるが，これに対する日本語の /sutoriqpu/ は CV-CV-CV-M-CV「ストリップ」と 5 拍になる．英語を日本語に訳すとどうしても拍の数が増えてくる．
英文学の福田恒存は，シェイクスピア劇を日本語で演ずると，英語の 2 倍時間がかかると言っている．

そこで，日本語の拍の構造を調べてみると，次のようになる．

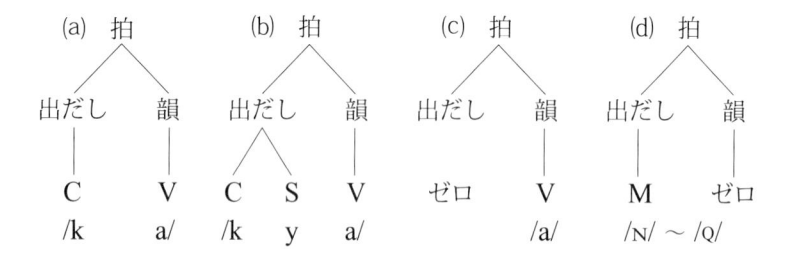

```
   (a) 拍        (b) 拍         (c) 拍       (d) 拍
   /  \         / | \          / \          / \
 出だし 韻    出だし  韻     出だし 韻     出だし 韻
  |   |      |  |   |        |    |       |    |
  C   V      C  S   V        ゼロ  V       M   ゼロ
 /k   a/    /k  y   a/             /a/    /N/ ~ /Q/
```

すなわち，(c) の型には母音のみで，子音の要素はない．(d) の型は促音や撥音のような子音要素のみで母音音素が欠けている．なお，これらのタイプの拍は等時的で調音に要する時間はほぼ等しい．だから，拍が増えれば，それだけ時間を要することになる．

英語には，長母音や 2 重母音がある．これらは 1 音節とみなされる．長母音 saw[sɔː]「見た」も 2 重母音の how [haʊ]「いかに」も 1 音節であるが，日本語では「学校」[gakkɔː] の長母音 [ɔː] は /oo/ と 2 拍に，「這う」[hɑɯ] も /hau/ と 2 拍に数えられる．

ただし，漢字の振り仮名「おう」は「オー」，「えい」は「エー」と読まれる．

例：高等「こうとう」は「コートー」，衛生「えいせい」は「エーセー」と発音される．

4）リズム

それぞれの言語は固有のリズムをもっていて，言語音声をそのリズムに乗せて調音する．だから目標とする言語のリズムを会得し，そのリズムに合わせて音声を発し，相手の音声を聞き取ることが大切である．ところが，自国語のリズムは生まれついてこのかた用いてきているので，その実体がつかめていない．だから，日本人に日本語のリズムを尋ねても説明できないのが普通である．

そこで，英語とフランス語のリズムと比較して日本語のリズムの特徴を説明しよう．

(a) 英語のリズム

'This is the │ 'book I bought │ 'yésterday.「これは私がきのう買った本です」

この文は，'This is the「強・弱・弱」，'book I bought「強・弱・弱」，'yesterday「強・弱・弱」という3つの強勢のリズムから成り立っている．縦線で示した3つの強勢のグループは互いに等時的である．このように，「強・弱」もしくは「強・弱・弱」のうねりを繰り返えすのが英語の特徴で，強勢基準のリズムと呼ばれている．

C'est le livre que j'ai acheté hier.「これは私がきのう買った本です」
[sɛ-lə-livʁ-kə-ʒe-aʃ-te-jɛː ʁ]（8音節）

フランス語では，各音節が等時的で，トントンと階段を上っていくような印象を与える．これが音節基準のリズムである．

(b) 日本語のリズム

日本語の発話は，音節よりさらに小さい拍（モーラ）で組み立てられている．

「これは私がきのう買った本です」
[ko-ɾɛ-wa-wa-ta-ʃi-ŋa-kɪ-nɔ-ɔ-ka-t-ta-hɔ-ɴ-dɛ-sɯ]（17拍）

ここでは，「キノー」が「キ」「ノ」「オ」と3拍に数えられていて，各拍が等時的でタッタッタッと機関銃を撃つように単調なモーラ基準のリズムが用いられている．

練習問題（日本語の音声と音韻）

1. 母音について：次の語に音声表記を与えなさい．例：赤い「アカイ」[akɑɪ]　(a) 重い，(b) 細い，(c) 高い，(d) 薄い，(e) 丸い
2. 子音について：次の語に音声表記を与えなさい．例：一本 [ippoɴ]
   (a)　二本，三本，四本，五本，六本，七本，八本
   (b)　病気，元気
3. アクセントについて：次の語のアクセントが，平板，頭高，中高，尾高型の内いずれに属するか指示しなさい．例：「花」（尾高）
   (a)「歯」，(b)「葉」，(c)「鼻」，(d)「心」，(e)「女」，(f)「頭」，(g)「朝顔」，(h)「友達」
4. 拍について：次の語を音素で表記し，拍の数で区切りなさい．例：「平和」/heewa/ CV-V-CV（3拍）(a)「常識」，(b)「関係」，(c)「一生懸命」

第3章　日本語の形態

　形態論では，語形変化を行なう語と行なわない語に分けて扱うことにする．

1．語形変化を行なう語

　語形が変化する語は，動詞と形容詞，および準動詞である．準動詞は名詞と名容詞に付加されて，これらを述語化する働きをもっている．「名容詞」は形容動詞の改称で，「名詞的形容詞」を意味する．

(1)　動詞の語形変化

1）動詞語形変化の方式

　動詞は文法的カテゴリーによって変化する．文法的カテゴリーとしては，数，人称，文法性，時制，相および対極性などがある．日本語は対極性と時制によって変化し，数，人称，文法性で変化することはない．対極性とは肯定と否定の対立を意味する．日本語は動詞と形容詞において，「非過去」と「過去」による時制の対立をもっている．

　　動詞「書く」の非過去形は「カク」：過去形は「カイタ」

　これらは肯定形であるが，否定形では次のようになる．

　　「書く」の否定形では，非過去形は「カカナイ」で過去形は「カカナカッタ」である．

　上の否定形における否定の要素は「ナイ」と「ナカッタ」である．これはまさしく形容詞「ない」の非過去形と過去形に相当する．すなわち，日本語では，肯定形は動詞として変化するが，否定形は形容詞として扱われているのである．このように，形容詞が時制で変化することと，動詞の否定形が形容詞であることが日本語の特色である．だから，日本語の動詞は時制と対極性で変化していることになる．（159頁コラム3参照）

また，時制としては，過去と非過去の2種が認められる．「カイタ」は過去形であるが，「カク」は現在を意味するわけではないので，非過去として扱うことにした．

　基本的には，対極性と時制から次のような語形変化の枠組みが立てられる．括弧内は丁寧形を示している．なお，動詞の語形変化は，次の5つの法に分けられる：(a)直説法，(b)条件法，(c)命令法，(d)意向法，(e)推量法．

(a)　直説法

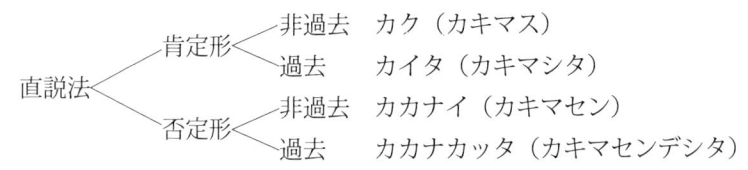

```
             ┌─肯定形─┬─非過去　カク（カキマス）
直説法──┤         └─過去　　カイタ（カキマシタ）
             └─否定形─┬─非過去　カカナイ（カキマセン）
                       └─過去　　カカナカッタ（カキマセンデシタ）
```

　「カク」の否定形「カカナイ」は「ナイ」という形容詞を含んでいる．この「ナイ」は「ナカッタ」という過去形をもっている．

　言語はある事柄を相手に伝える音声的手段である．伝達内容を事実として伝えるのが直説法であり，相手にある事を行うように働きかけるのが命令法，ある事柄を条件として提示するのが条件法，ある事柄を話者の意向として伝えるのが意向法，さらにある事柄を話者の推量として話せば推量法となる．

「カク」

(b)　条件法

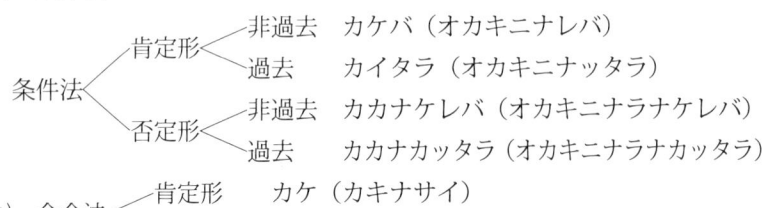

```
             ┌─肯定形─┬─非過去　カケバ（オカキニナレバ）
条件法──┤         └─過去　　カイタラ（オカキニナッタラ）
             └─否定形─┬─非過去　カカナケレバ（オカキニナラナケレバ）
                       └─過去　　カカナカッタラ（オカキニナラナカッタラ）
```

(c)　命令法
```
       ┌─肯定形　カケ（カキナサイ）
命令法─┤
       └─否定形　カクナ（カイテハ　イケマセン）
```

命令法は，現時点における相手への働きかけであるから，過去形はない．

(d) 意向法 ─┬─ 肯定形　　カコー（カキマショー）
　　　　　　└─ 否定形　　カクマイ（カキマスマイ）

意向法は，未来に対する態度であるから過去形はない．

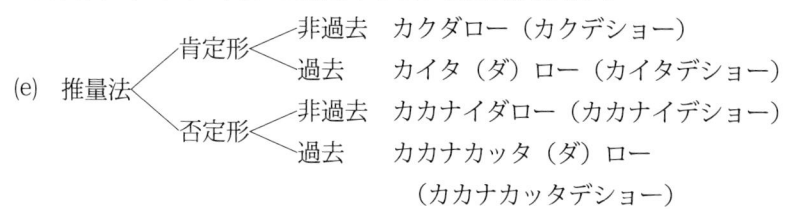

(e) 推量法 ─┬─ 肯定形 ─┬─ 非過去　カクダロー（カクデショー）
　　　　　　│　　　　　└─ 過去　　カイタ（ダ）ロー（カイタデショー）
　　　　　　└─ 否定形 ─┬─ 非過去　カカナイダロー（カカナイデショー）
　　　　　　　　　　　　└─ 過去　　カカナカッタ（ダ）ロー
　　　　　　　　　　　　　　　　　　（カカナカッタデショー）

2）従来の活用法

従来の動詞の活用では次のような変化が認められていた．

	未然形	連用形	終止形	連体形	仮定形	命令形
「書く」	カカ	カキ	カク	カク	カケ	カケ

この変化方式は，語幹末の母音が「-カ，-キ，-ク，-ク，-ケ，-ケ」と変化するので，「カキクケ」4段活用と呼ばれてきた．しかし，こうした語幹末母音配列方式による活用では，連用形の「カキ」から，そのままでは過去形の「カイタ」を導き出すことはできない．そもそも未然形の意味がよく分からないし，「カカナイ」は否定形とした方がよい．「カケバ」を仮定形とするのはいいが，命令形の「カケ」はあっても，禁止形の「カクナ」は出てこない．さらに，過去否定形の「カカナカッタ」は導きだしようがない．語形変化表はすべての変化語形を表示できるモデルでなければならない．この点，語幹末母音配列方式は不完全であって，役に立たない．

本書は従来の活用方式を改め，理論的根拠に基づく語形変化表を提示した．さらに，「未然形，連用形，終止形，連体形，已然（いぜん）形（仮定形）」をそれぞれ「否定形，副詞形，述語形，形容詞形，条件形」と呼ぶことにした．（163頁コラム6参照）

3）動詞の過去形

動詞の非過去形と過去形を比べてみると，語幹部により子音動詞と母音動詞に分けられる．

（子音動詞）　非過去形　過去形　　（母音動詞）　非過去形　過去形
「書く」　　　/kak-u/　　/kai-ta/　　「起きる」　　/oki-ru/　　/oki-ta/
「取る」　　　/tor-u/　　 /toQ-ta/　　「投げる」　　/nage-ru/　 /nage-ta/
「読む」　　　/yom-u/　　/yoN-da/

　子音動詞では，語尾 /-u/ をとると，/kak-/ のように語幹部が子音で終わっている．これに対し，母音動詞では，語尾 /-ru/ の前には /-i/ もしくは /-e/ という母音語幹をもっている．子音語幹では，語尾 /-u/ の前の子音 /k-, r-, m-/ がそれぞれ /i- , Q-.N-/ に代わり，過去の語尾 /-ta/，または /-da/ が付加される．母音動詞では，/oki-/，/nage-/ のような語末母音の後に，非過去ならば /-ru/，過去ならば /-ta/ が付加される．

(a)　子音動詞の過去形には次のような種類がある．

/ta/ をとるもの	/da/ をとるもの
a1)「書く」/kak-/ → /kai-ta/	「嗅ぐ」/kag-/ → /kai-da/
a2)「勝つ」/kat-/ → /kaQ-ta/	「飛ぶ」/tob-/ → /toN-da/
「刈る」/kar-/ → /kaQ-ta/	「噛む」/kam-/ → /kaN-da/
「買う」/kaw-/ → /kaQ-ta/	「死ぬ」/sin-/ → /siN-da/
a3)「貸す」/kas-/ → /kasi-ta/	

　なお，過去語尾であるが，/ta/ と /da/ の２種類がある．この場合，形態論では過去の形態素 {ta} は２種の異形態 /ta/ と /da/ をもつと言う．

４）動詞の否定形

　子音動詞の否定形は「語幹 -a ＋ /nai/（否定語尾）」（この否定語尾は形容詞である）

　「書かない」/kaka-nai/　　　「嗅がない」/kaga-nai/
　「勝たない」/kata-nai/　　　「飛ばない」/toba-nai/
　「刈らない」/kara-nai/　　　「噛まない」/kama-nai/
　「買わない」/kawa-nai/　　　「死なない」/sina-nai/
　「貸さない」/kasa-nai/

　母音動詞の否定形は，それぞれの語幹部に否定語尾 nai を付ける．

　「起きない」/oki-nai/　　　　「投げない」/nage-nai/

第3章　日本語の形態

5）動詞の副詞形

子音動詞の過去形の語尾　/-ta/ → /te/, /-da/ → /de/ に改めると副詞形となる．

「書いた」→「書いて」/kaite/　　「嗅いだ」→「嗅いで」/kaide/
「勝った」→「勝って」/kaqte/　　「飛んだ」→「飛んで」/toNde/
「刈った」→「刈って」/kaqte/　　「噛んだ」→「噛んで」/kaNde/
「買った」→「買って」/kaqte/　　「死んだ」→「死んで」/siNde/
「貸した」→「貸して」kasite（「しました」→「しまして」（丁寧形））

母音動詞の過去語尾 /-ta/ → /-te/ に改めれば副詞形となる．

「起きた」→「起きて」okite　　「投げた」→「投げて」nagete

ただし，「来る」/kuru/ の否定形は /konai/，過去形は /kita/ となる．
また，「する」/suru/ の否定形は /sinai/，過去形は /sita/ となる．

なお，否定の過去形「書かなかった」であるが，形容詞「ない」の過去形であるから，形容詞の項で扱うことにする．

6）動詞の条件法

　　　　　　（子音動詞）　　　　　　　（母音動詞）
　　　　　非過去「カケバ」/kake-ba/　　「オキレバ」/oki-reba/
肯定
　　　　　過去「カイタラ」/kaita-ra/　　「オキタラ」/okita-ra/

　　　　　非過去「カカナケレバ」/kakanakere-ba/
否定　　　　　　　　　　　　　　　　「オキナケレバ」/okinake-reba/
　　　　　過去「カカナカッタラ」/kakanakaqta-ra/
　　　　　　　　　　　　　　　　　　「オキナカッタラ」/okinakaqta-ra/

条件法は相手にある条件を提示する表現法で，子音動詞では，語幹「カケ」に条件語尾「バ」が，母音動詞では，語幹「オキ」に条件語尾「レバ」が付加される．

すると，現在の条件語尾には「バ」と「レバ」の異形態があることになる．

過去の条件形は，「カイタ」「カッタ」「オキタ」の過去形に条件語尾「ラ」が付加される．過去の否定語尾「ナカッタ」は否定の形容詞「ナイ」の項で扱うことにする．

7）動詞の命令法

命令法は聞き手にある行為を指示する表現である．命令法には過去形はない．

　　　　　　（子音動詞）　　　　（母音動詞）
　肯定　　「カケ」「ノメ」　　「オキロ～オキヨ」「ナゲロ」～「ナゲヨ」
　否定　　「カクナ」「ノムナ」「オキルナ」「ナゲルナ」

子音動詞では，「カケ」「ノメ」のように，語幹部の母音に「エ」/e/ の要素が含まれている．母音動詞では，「オキル」「ナゲル」の語幹部「オキ」「ナゲ」に命令語尾「ロ」（東方言）か「ヨ」（西方言）が付加される．

禁止形を命令の否定形と見なした．述語形の「カク」「ノム」「オキル」「ナゲル」に否定語尾「ナ」が添加される．

8）動詞の意向法

意向形は話し手の発話時における意向を相手に伝える表現であるが，勧誘の意味として用いることもある．

　　　　　　（子音動詞）　　　　　　　（母音動詞）
　肯定　　「カコー」/kakoo/　　　　「オキヨー」/okiyoo/
　　　　　「ノモー」/nomoo/　　　　「ナゲヨー」/nageyoo/
　否定　　「カクマイ」/kakumai/　　「オキマイ」/okimai/
　　　　　「ノムマイ」/nomumai/　　「ナゲマイ」/nagemai/

子音動詞では，語幹部の「カコ」「ノモ」の末尾母音に「オ」/o/ の要素が含まれていて，これを引き延ばす．母音動詞では，「オキ」「ナゲ」の語幹部に「ヨー」/yoo/ が付加される．

否定形では，子音動詞の述語形「カク」「ノム」と，母音動詞の語幹部「オキ」「ナゲ」に語尾「マイ」が添加される．

9）動詞の推量法

推量法では，伝達内容を話し手の推量によるものとして相手に伝えている．

　　　　　　　　　第3章　日本語の形態

　　　　　　非過去　　カクダロー
　　肯定
　　　　　　過去　　　カイタ（ダ）ロー
　　　　　　非過去　　カカナイダロー
　　否定
　　　　　　過去　　　カカナカッタ（ダ）ロー

　この変化表は，直説法の語形に「ダロー」という推量語尾が付加されたものである．ただし，過去形では，「ダ」が省略されることがある．他に「カイタラシイ」や「カイタヨーダ」という推量表現とも類似している．

10）動詞の述語形と形容詞形

　述語形は，国文法では「終止形」と呼ばれ，「文の終わりにあって，言い切りに用いる」と規定されてきた（湯沢幸四郎，1977：74）．しかし，文の終わりというだけでは，次のような文にも動詞が文末に出てくる．

　　本を読む．本を読んだ．（直説法）
　　本を読もう．（意向法）
　　本を読め．（命令法）
　　本を読むだろう．（推量法）

　「言い切り」について，鈴木重幸（1972：305）は「はっきり分かっていることを知らせる」のが「言い切り」（直説法）で，「はっきり分かっていないことを知らせる」のは「おしはかり」（推量法）であると説明している．

　そこで，直説法の肯定非過去形「書く」もしくは過去形「書いた」を述語形と規定することができる．

　ただし，確かに文末にくる直説法の肯定形「書く」「書いた」は述語形であるが，この語形がそのまま次にくる名詞を修飾する形容詞形として用いられるので，両者の判別に注意を払う必要がある．

　　（述語形）　　　　　　（形容詞形）
　　これから本を読む．　　これから読む本
　　さきほど本を読んだ．　さきほど読んだ本

11）動詞の名詞化

　品詞を変えることを「転用」というが，動詞を名詞として用いるためには，その名詞化の操作を考察することが必要となる．動詞を名詞に転用す

る場合，2つの方式がある．
(a) 語幹末母音を /i/ とする方法：ヨム /yomu/ →ヨミ /yomi/, オコナウ /okonau/ →オコナイ /okonai/. これを「語幹末母音による名詞化」と呼ぶことにする．

　この方法から，動詞の語幹名詞に形容詞語尾「たい」を付けて動詞の要望形を作ることができる．ヨム→ヨミタイ，タベル→タベタイ．

　この語形は形容詞であるから，形容詞のところで取り上げることにする．

　また，語幹名詞は相を表わす動詞と結合して各種の相を表現する．

　カキ・ハジメル（始動相），カキ・ツヅケル（継続相），カキ・オワル（終結相）．

　トビ・デル，トビ・ダス，トビ・コムのように行為の結果を表わすこともできる．

(b) 形式名詞「コト」や「ノ」を動詞の形容詞形が修飾する形で名詞句を形成する方法がある．

　　書く→カク・コト，生きる→イキル・コト

　この方式によれば，かなり長い文でも名詞化できる．

　「1964年に東京でオリンピックが開催された」→「1964年に東京でオリンピックが開催された・こと・は重要な事件である」．「1964年に東京でオリンピックが開催された・の・は重要な事件である」．

(2) 形容詞の語形変化
1）形容詞の語形変化方式

　形容詞も動詞と同じように，対極性と時制で変化する．また，形容詞の変化は，直説法，条件法，推量法に分かれる．

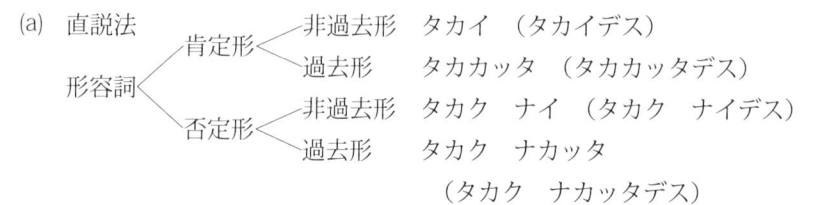

(a) 直説法

形容詞
- 肯定形
  - 非過去形　タカイ（タカイデス）
  - 過去形　タカカッタ（タカカッタデス）
- 否定形
  - 非過去形　タカク　ナイ（タカク　ナイデス）
  - 過去形　タカク　ナカッタ（タカク　ナカッタデス）

「タカク」は形容詞「タカイ」の副詞形である．「アル」，「イル」は動詞

であるが，否定の「ナイ」は形容詞である．だから，動詞の否定形は形容詞化されているので，その過去形の語尾は「ナカッタ」となる．カク→カカ・ナカッタ．

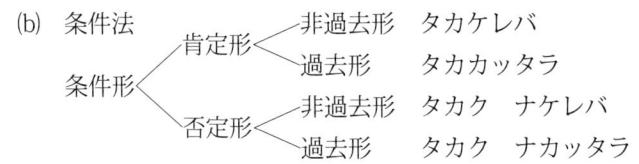

(b) 条件法

```
条件形 ┬ 肯定形 ┬ 非過去形  タカケレバ
       │        └ 過去形    タカカッタラ
       └ 否定形 ┬ 非過去形  タカク　ナケレバ
                └ 過去形    タカク　ナカッタラ
```

肯定の非過去形では，語幹「タカ」に語尾「ケレバ」が付加されるが，過去形では，「タカカッタ」に語尾「ラ」が添加されている．

形容詞には，命令法と意向法はないが，形容詞の副詞形に動詞「ナル」の命令形と意向形を作ることができる．「タカクナレ」「タカクナルナ」（命令形），「タカクナロー」「タカクナルマイ」（意向形）．

形容詞は推量法をもっている．推量法には，(c1) タカカロー，(c2) タカイダローの2種がある．

(c1) 推量法1

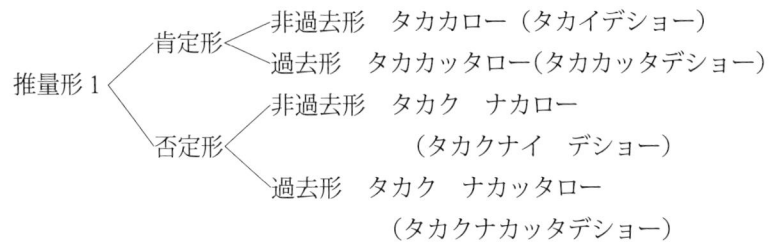

```
推量形1 ┬ 肯定形 ┬ 非過去形  タカカロー（タカイデショー）
        │        └ 過去形    タカカッタロー（タカカッタデショー）
        └ 否定形 ┬ 非過去形  タカク　ナカロー
                 │            （タカクナイ　デショー）
                 └ 過去形    タカク　ナカッタロー
                              （タカクナカッタデショー）
```

タカカローはタカクアローが約まった形で，タカイダローはタカイにダローが付加された語形である．丁寧形は同一である．

(c2) 推量法2

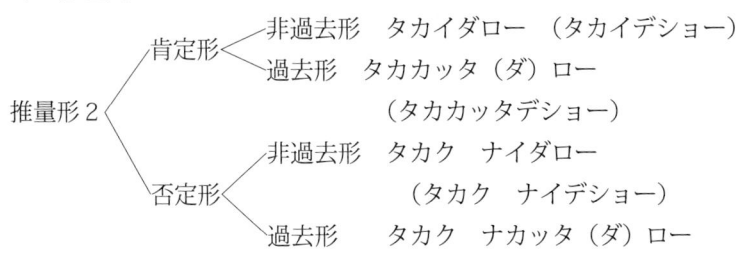

```
推量形2 ┬ 肯定形 ┬ 非過去形  タカイダロー　（タカイデショー）
        │        └ 過去形    タカカッタ（ダ）ロー
        │                      （タカカッタデショー）
        └ 否定形 ┬ 非過去形  タカク　ナイダロー
                 │            （タカク　ナイデショー）
                 └ 過去形    タカク　ナカッタ（ダ）ロー
```

　　　　　　　　　　　　　（タカク　ナカッタデショー）
　ここで，前節で触れた要望法（語幹＋タイ）について述べておこう．
(d)　要望法
　要望法は，話し手と聞き手の要望内容を表わしている．

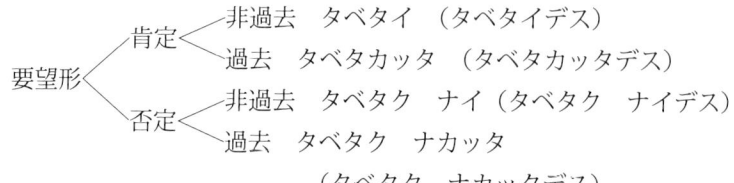

　　　　　　　　　　肯定　　非過去　タベタイ　（タベタイデス）
　　　　要望形　　　　　　　過去　　タベタカッタ　（タベタカッタデス）
　　　　　　　　　　否定　　非過去　タベタク　ナイ（タベタク　ナイデス）
　　　　　　　　　　　　　　過去　　タベタク　ナカッタ
　　　　　　　　　　　　　　　　　　（タベタク　ナカッタデス）

　この要望法であるが，「タベタイ」の形容詞語尾「タイ」の代わりに，動詞語尾「タガル」を付けると，動詞の要望法が形成される．

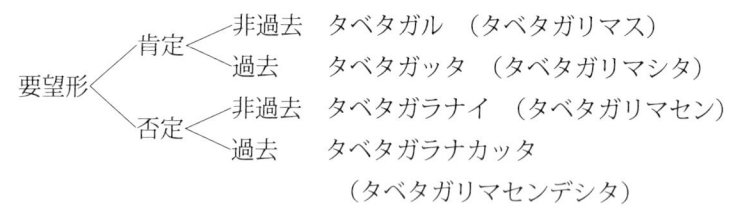

　　　　　　　　　　肯定　　非過去　タベタガル　（タベタガリマス）
　　　　要望形　　　　　　　過去　　タベタガッタ　（タベタガリマシタ）
　　　　　　　　　　否定　　非過去　タベタガラナイ　（タベタガリマセン）
　　　　　　　　　　　　　　過去　　タベタガラナカッタ
　　　　　　　　　　　　　　　　　　（タベタガリマセンデシタ）

　この動詞は，話し手と聞き手以外の人物の要望内容を表明している．

2）形容詞の名詞化
　タカイ→タカサ，ナガイ→ナガサ，ウツクシイ→ウツクシサ
　形容詞語尾　−イ　を　−サ　に入れ替えると，名詞となる．
　また，形容詞で形式名詞「コト」や「ノ」を修飾させる方法により，「象の鼻が長いこと」のような名詞句を作ることができる．

3）形容詞の副詞化
　タカイ→タカク，ナガイ→ナガク，ウツクシイ→ウツクシク
　形容詞語尾　−イ　を　−ク　に入れ替えると，副詞になる．形容詞を連続させることもできるし，前の形容詞を副詞形にすることもできる．
　　タカイ　フトイ　木，タカク　フトイ　木．
　また，形容詞の副詞形に助詞「テ」を付けて，言い切りの形にすることができる．
　　タカクテ　フトイ　木，ナガクテ　ホソイ道．

第3章　日本語の形態

(3) 準動詞の語形変化
1) 準動詞の機能
「恵美さんは学生だ」「恵美さんは親切だ」という表現の文末にある準動詞「ダ」は語形変化を行う．英語では，Emi is a student. Emi is kind. という文に用いられている be 動詞の 'is' は copula「繋辞」と呼ばれ，主語の Emi と述語の a student「学生」を結びつけていると考えられてきた．だが，準動詞の「ダ」は「恵美さん」と「学生」および「親切」を繋いでいるのではなく，「学生」と「親切」を述語化しているのである．すなわち，「学生だ」は名詞述語であり，「親切だ」は名容詞述語である．

同じく，英語でも 'is a student' は名詞述語であり，'is kind' は形容詞述語である．要するに，日本語の準動詞「ダ」と英語の be 動詞 'is' は，その前後にくる名詞や形容詞を述語化する機能をもっているのである．そこで，述語化は「状態化」と考えるとよい．「恵美さんは学生だ」は恵美さんは学生の身分である．「恵美さんは親切だ」は恵美さんは親切な性格だ」を意味する．（165頁コラム8参照）

準動詞には，直説法，条件法と推量法がある．

2) 準動詞の語形変化方式
準動詞も対極性と時制のカテゴリーにより語形変化を行う．ただし，常に名詞や名容詞の後に用いられ，それらを述語化するが，独立性がないので，準動詞と呼ぶことにした．

(a) 直説法

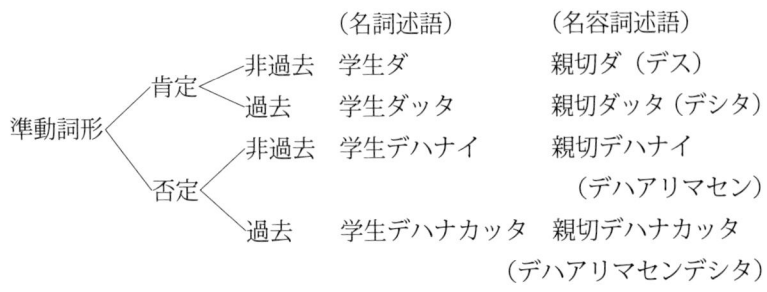

			（名詞述語）	（名容詞述語）
準動詞形	肯定	非過去	学生ダ	親切ダ（デス）
		過去	学生ダッタ	親切ダッタ（デシタ）
	否定	非過去	学生デハナイ	親切デハナイ（デハアリマセン）
		過去	学生デハナカッタ	親切デハナカッタ（デハアリマセンデシタ）

なお，否定形に含まれている「デハ」は「ジャー」と発音される．また，「学生デ」，「親切デ」は副詞形である．

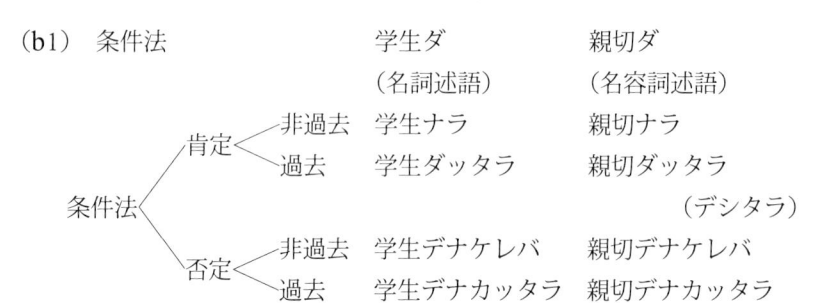

(b1)　条件法　　　　　　　　　　学生ダ　　　　　親切ダ
　　　　　　　　　　　　　　　　（名詞述語）　　（名容詞述語）
　　　　　　　　　　非過去　　学生ナラ　　　　親切ナラ
　　　　　　　肯定
　　　　　　　　　　過去　　　学生ダッタラ　　親切ダッタラ
　　条件法
　　　　　　　　　　　　　　　　　　　　　　　　　　　（デシタラ）
　　　　　　　　　　非過去　　学生デナケレバ　親切デナケレバ
　　　　　　　否定
　　　　　　　　　　過去　　　学生デナカッタラ　親切デナカッタラ

　肯定形では，条件の形態素「ナラ」と「ラ」が用いられている．否定形は形容詞の条件形と同じである．

(b2)　第2条件法

　以上紹介してきた条件法を第1条件法とし，別に第2条件法なるものが存在する．ここで，第1と第2条件法を対比しておく必要がある．第2条件法は全部が語尾「ナラ」を備えている．なお，括弧内は（第1条件法）

《動詞》　　　（第2条件法）　　　　　《形容詞》（第2条件法）
［肯定］（非過去）カクナラ（書けば）　タカイナラ（高ければ）
　　　　（過去）　カイタナラ（書いたら）タカカッタナラ（高かったら）
［否定］（非過去）カカナイナラ　　　　タカクナイナラ
　　　　　　　　　（書かなければ）　　（高くなければ）
　　　　（過去）　カカナカッタナラ　　タカクナカッタナラ
　　　　　　　　　（書かなかったら）　（高くなかったら）

《名容詞》　　（第2条件法）　　　　　《名詞》　（第2条件法）
［肯定］（非過去）スキナラ（好きなら）ビョウキナラ（病気なら）
　　　　（過去）　スキダッタナラ　　　ビョウキダッタナラ
　　　　　　　　　（好きだったら）　　（病気だったら）
［否定］（非過去）スキデナイナラ　　　ビョウキデナイナラ
　　　　　　　　　（好きでなければ）　（病気でなければ）
　　　　（過去）　スキデナカッタナラ　ビョウキデナカッタナラ
　　　　　　　　　（好きでなかったら）（病気でなかったら）

　要するに，動詞，形容詞，名容詞，名詞の変化形に仮定の「ナラ」を付けて，現在，過去，未来にわたる事柄についての仮定を表わす．

君が行くナラ，ぼくはここにいるよ．（第1条件形「行けば」）
君が行かないナラ，ぼくが行くよ．（第1条件形「行かなければ」）
君が知っていたナラ，教えてくれればいいのに．（第1条件形「知っていたら」）

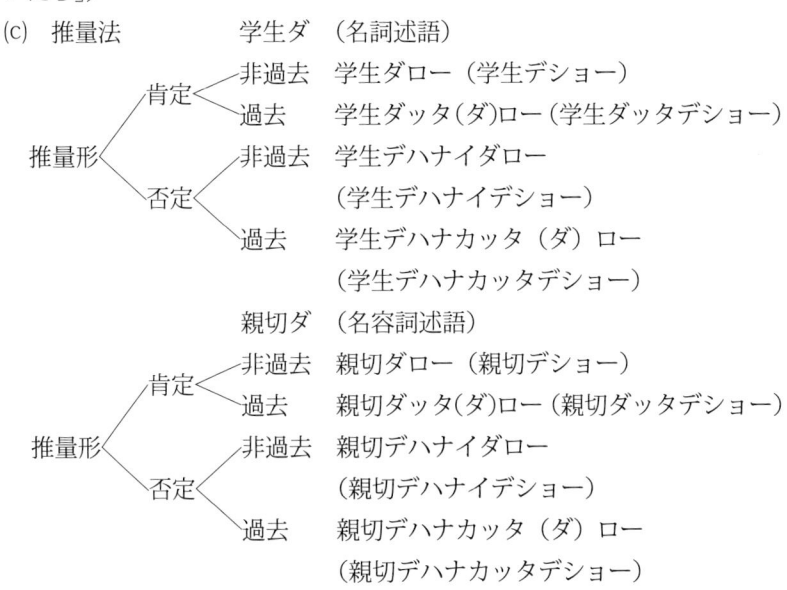

(c) 推量法　　　　　学生ダ　（名詞述語）

推量形〈肯定〈非過去　学生ダロー（学生デショー）
　　　　　　　　過去　　学生ダッタ(ダ)ロー（学生ダッタデショー）
　　　　否定〈非過去　学生デハナイダロー
　　　　　　　　　　　（学生デハナイデショー）
　　　　　　　過去　　学生デハナカッタ（ダ）ロー
　　　　　　　　　　　（学生デハナカッタデショー）

　　　　　　　　　親切ダ　（名容詞述語）

推量形〈肯定〈非過去　親切ダロー（親切デショー）
　　　　　　　　過去　　親切ダッタ(ダ)ロー（親切ダッタデショー）
　　　　否定〈非過去　親切デハナイダロー
　　　　　　　　　　　（親切デハナイデショー）
　　　　　　　過去　　親切デハナカッタ（ダ）ロー
　　　　　　　　　　　（親切デハナカッタデショー）

　なお，否定形に含まれている「デハ」は「ジャー」と発音される．また，「学生デ」，「親切デ」は副詞形である．

(4) 名詞と名容詞の相違

　上記の準動詞の語形変化で例示したように，名詞と名容詞に従う準動詞は同じ語形である．だが，両者の形容詞形を比べて見ると，そこに1つの違いが見られる．（160頁コラム4参照）

	（名詞）	（名容詞）
述語的用法	あの人は病気ダ．	あの人は親切ダ．
形容詞的用法	あの病気ノ人	あの親切ナ人

　名詞が形容詞化するときは，属格の助詞ノを取るが，名容詞が次の名詞を修飾するときは，助詞ナをとる．とにかく，どちらも準動詞を必要とする点で，名容詞が名詞的性格を多分に含んでいることが分かる．

(5) 助動詞
1）助動詞の機能

　助動詞はそれ自体動詞であって，他の動詞を補助する形で使用される語である．

　英語で，　John can swim.「ジョンは泳ぐことができる」
　　　　　John could swim.「ジョンは泳ぐことができた」

　助動詞 can〜could は，次にくる動詞 swim「泳ぐ」の動作が可能であることを示しているが，それ自体も現在と過去に変化して動詞としての特徴を保持している．

　こうした機能を果たす助動詞として，日本語には，(a) 相的動詞「いる，しまう，ある，おく，みる」と (b) 直示動詞「いく，くる」，および授受動詞「やる，くれる，もらう」の 10 種がある．

　(a1) 書いて・いる（いた）（現在の行為の継続や結果の状態を表わす）
　(a2) 書いて・しまう（しまった）（完了を表わす）
　(a3) 書いて・ある（あった）（ある行為が処置されていることを表わす）
　(a4) 書いて・おく（おいた）（ある行為を準備していることを表わす）
　(a5) 書いて・みる（みた）（ある行為の試行を表わす）

　なお，「カイテイル」は「カイテル」，「カイテイタ」は「カイテタ」，「カイテシマウ」は「カイチャウ」，「カイテシマッタ」は「カイチャッタ」と会話では発音される．また，「カイテオク」は「カイトク」と発音される．これらの助動詞は動詞の相と関係があるので，「相的助動詞」と呼ぶことにする．また，改めて動詞の相の項で説明することにしよう．

　(b) 群の直示助動詞は，ある行為と話し手との関係を示している．
　(b1) 犬が走って・きた（犬が話し手に接近する）
　(b2) 猫が走って・いった（猫が話し手から離れていく）

　(c) 群の授受動詞であるが，動詞の後につづくとき，その動詞行為の恩恵方向を示唆している．これを「恩恵的助動詞」と呼ぶ．

　(c1) 書いて・やる（さしあげる）（話し手側から相手側への恩恵行為を示す）
　(c2) 書いて・くれる（くださる）（相手側から話し手側への恩恵行為

を示す）

（c3）書いて・もらう（いただく）（話し手側が相手側から受ける恩恵行為を示す）

とくに会話のときは，こうした授受動詞を使って，恩恵行為の方向を暗示することが必要で，これこそが敬語表現の本体をなしている．

これらの授受動詞は相互に結合して使用することが可能である．

「書いて・もらって・やる」（書いて・いただいて・さしあげます）

（相手のために，他者に「書く」ことを話し手が依頼する）

なお，先の相的助動詞も結合が可能である．

「書いて・しまって・おく」（「書く」行為を完了した状態にして準備することを意味している）

なお，本書では，助動詞的「行く」「来る」を直示動詞の項（152頁）で扱うことにした．

2）従来の助動詞

大槻文彦（1877，79）の規定によると，「助動詞ハ，動詞ノ活用ノ，其意ヲ尽クサザルヲ助ケムガ為ニ，其下ニ付キテ，更ニ，種々ノ意義ヲ添フル語ナリ」と述べられている．

「動詞の活用の下に付いて，その意義を助ける」ということから，「助動詞」と命名されたのであろう．結局は，語幹末母音配列方式の活用から見て，動詞や形容詞の枠組みからこぼれ落ちた語彙を拾い集めたものである．

いずれの文法書や辞書にも「助動詞」という項目が設けられていて，理解しにくい活用表と説明が添えられている．例えば，金田一春彦編『学研現代国語辞典』（1998：144-5）を参照してみると，助動詞が次のように，活用形式によって分類されている．（164頁コラム7参照）

[1] 動詞下一段型「せる，させる，れる，られる」
[2] 形容型「ない，たい，らしい」
[3] 名容詞型「だ，そうだ(1)，そうだ(2)，ようだ，みたいだ」
[4] 特殊型「た，です，ます，ぬ，ない」
[5] 無変化型「う，よう，まい」

これらの助動詞を上から順次検討してみよう．

　［1］における使役の「せる，させる」と受動，可能，自発，尊敬の「れる，られる」は，動詞の語幹に付加される動詞語尾であって，みな動詞として変化する．これらの動詞語尾は主として動詞の「態」を司るので，「動詞の態」の節で扱うことにする．

　［2］の「ない」は否定の形容詞語尾で，「たい」は要望法の語尾である．ともに説明しておいた．形容詞語尾の「らしい」は「法」の項で扱う．

　［3］名容詞型の中で「だ」は準動詞語尾である．他の「そうだ(1)，そうだ(2)，ようだ，みたいだ」はすべて名容詞で，「法」の項で扱う．

　［4］特殊型の内，「た」は過去語尾であるし，「です」「ます」は丁寧形の語尾である．また，「ぬ，ない」は否定の語尾である．

　［5］無変化の「う，よう，まい」は動詞意向法の語尾にすぎない．

　以上従来の助動詞なるものを検討してみると，大方が対極性と時制による語形変化の枠の中に納まってしまう．それ以外の，形容詞の「らしい」と名容詞「そうだ，ようだ，みたいだ」は「法」の項で取り扱うことにする．従がって，従来の助動詞という項目は必要なくなる．

⑹　**動詞の態**

　動詞の態（voice）は動詞で示された行為の方向を表わすもので，ある行為が主語の人物から他者に及ぶものが能動態，逆に主語の人物が他から行為を受けるのが受動態である．また，動作主が他者（使役主）からの圧力によりある行為を行なう場合は使役態となる．

　⒜　久雄はレポートを書いた（kai-ta）．（能動文）
　⒝　先生は久雄にレポートを書かせた（kak-ase-ta）．（使役文）
　⒞　久雄は先生にレポートを書かせられた（kak-ase-rare-ta）．（使役受動文）
　⒟　先生は久雄をほめた（home-ta）．（能動文）
　⒠　久雄は先生にほめられた（home-rare-ta）（受動文）

　本書では，述語動詞は必要とする名詞を支配すると考えているので，上の文は次のような構造により表わされる．

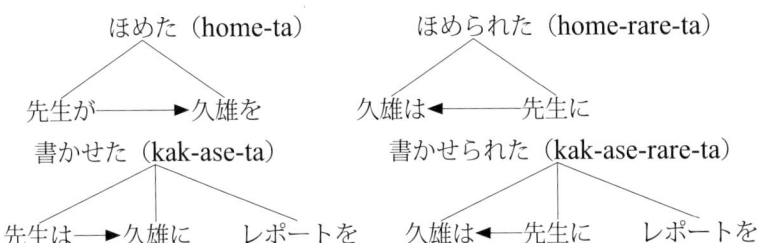

第3章　日本語の形態

```
        ほめた (home-ta)              ほめられた (home-rare-ta)
       ／        ＼                    ／         ＼
  先生が ─────→ 久雄を          久雄は ←───── 先生に

        書かせた (kak-ase-ta)          書かせられた (kak-ase-rare-ta)
       ／    ＼      ＼                ／    ＼       ＼
  先生は─→久雄に   レポートを    久雄は←─先生に    レポートを
```

動詞の語幹 kak- に使役の形態素 -ase と受動の形態素 -rare が付加されて, 使役受動形が作られる.

受動態は主として他動詞に用いられるが, 日本語では自動詞でも受動形が作られ,「間接受動形」と呼ばれている.

(f) 山田さんは奥さんに死なれた.

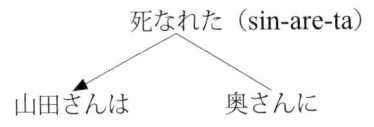

```
           死なれた (sin-are-ta)
          ／         ＼
    山田さんは      奥さんに
```

上の文は,「奥さんが死んだ」という事件が山田さんに物心両面から大きな影響を与えたことを意味している.

こうした接尾辞型動詞語尾には, 可能の「(ラ) レル」と尊敬の「(ラ) レル」, それに自発の「(ラ) レル」がある.（子音動詞語幹＋ -eru, 母音動詞語幹＋ ra-reru）「書ケル」「見ラレル」

(g) この子は名前が書ける.（可能）「この子は名前を書くことができる」
(h) 先生はビールをのまれますか.（尊敬）
(i) 昔の事が思い出される.（自発）

可能の場合は「〜は〜が」の状態構文をとる. (g)の例文参照.

(7) 動詞の相

動詞の相（aspect）により, 完了や未完了のような行為の局面が表わされる. これらは相の助動詞によって表示される. 相は行為の継続や終了などの様相を表わす文法的手段である.「書く」は非過去形であって,「書いている」が現在における行為の継続を意味する.

1) 助動詞「いる」

(a) 時計が動いて・いる.（「動く」という行為の継続）

(b)　時計が止まって・いる．（「止まる」という行為の結果）
日本語文法では「アスペクト」と呼ばれている分野である．
(c)　風で桜が散って・いる．（「散る」という行為の継続）
(d)　庭に桜が散って・いる．（「散る」という行為の結果）
 2）助動詞「しまう」
「しまう」という完了の助動詞は，動詞の相の中で考察すべき項目である．
(a)　食べて・しまった．
「食べる」行為が完結したことを告げている．会話では「タベチャッタ」と発音される．「飲んで・しまった」は「ノンジャッタ」となる．
(b)　行って・しまった．
「イッチャッタ」は，立ち去った人物との関係が終結したことを暗示している．
 3）助動詞「おく」
(a)　窓を開けて・おく．
準備相の「オク」は，ある事柄を予想して，前もって行動することを意味している．
 4）助動詞「ある」
(a)　窓を開けて・いる．
(b)　窓が開けて・ある．
「アケテイル」では，「開ける」行為が現時点で進行していることを意味するが，処置相では，「開ける」行為がすでに行なわれていて，その結果窓が「開いた」状態にあることを伝えている．この文では，他動詞「開ける」の目的語であるはずの「窓が」主語の位置にあるので，能格構造をなしている．
 5）助動詞「みる」
窓を開けて・みる．
　試行相の「ミル」は，ある行為の試行を意図していることを伝えている．
　いまここに，「窓を開ける」という行為を設定した場合，「イル」は動作が継続中であることを，「シマウ」はその行為の完結を意味する．「アル」は「開ける」行為の済んだ後の状態を示し，「オク」はその状態を予想し

ての行動である.「ミル」は「開ける」行為を意図していることの予告である.

「窓を開ける」という行為を中心にすると,これら相の助動詞は時間的に次のように位置づけられる.

　　　「開けて」　　　　　（現在）
　　（以前）────────▶「イル」（継続相）────────▶（以後）
「オク」（準備相）「ミル」（試行相）「窓を開ける」「シマウ」（完了相），「アル」（処置相）

フランスの言語学者 L. テニエール（1966：791）は,動詞の相を次のように,点・と線─を用いて分析している.点／・／は瞬間的完了行為で線／─／は継続的未完了行為を表わしている.

		[相助動詞]		[語幹複合形]
点	／・／	（完了相）	書いた	
線・点	／─・／	（終了相）	書いてしまう	書き終える
点・線	／・─／	（始動相）		書き始める
線	／─／	（未完了相）	書いている	書き続ける

(8)　動詞の法

法（modality）は伝達内容についての話し手の見方を表わしている.法の表現には,1）語形変化によるものと,2）語形変化によらないものとがある.語形変化によるものは,「叙法」（mood）と呼ばれるもので,直説法,条件法,命令法,意向法,推量法などがある.語形変化によらないものは「法的表現」と呼び,認識的法や義務的法およびその他がある.

1）語形変化による法（叙法）

これについてはすでに動詞,形容詞,準動詞の項で説明しておいた.

2）語形変化によらない（法表現）

法表現は,論理的に認識的法と義務的法に分かれる.認識的法は,伝達内容に関する真実性についての話者の見方を表わすものであり,義務的法は,伝達内容に関する必要性についての話者の見方を伝えるものである.こうした区分は様相論理に基づくものであるが,いかなる言語でも,これら2種の法表現を備えている.

そこで,英語の法表現とこれに対応する日本語の法表現を検討してみよう.

(a)　**認識的法表現**

　英語では，認識的法も義務的法もともに法の助動詞によって表示される．なお，末尾の括弧内は真実性の度合いを表わしている．

(a1)　Mary must be ill.「メアリーは病気にチガイナイ」（チガイアリマセン）　（大）

(a2)　Mary may be ill.「メアリーは病気カモシレナイ」（カモシレマセン）　（中）

(a3)　Mary cannot be ill.「メアリーは病気のハズガナイ」（ハズガアリマセン）　（小）

(a1)の「違いない」は「相違ない」とも「間違いない」とも言える．
(a2)の「かも」は疑問詞の「か」と同じ条件の「も」が合体して疑問を表わしていて，「知れない」は「知れる」の否定形で，「病気かどうか分からない」の意．
(a3)の「はずがない」の「はず」は「当然そうなるわけ」を意味する形式名詞で，「当然性がない」を意味する．

(b)　**義務的法表現**

　義務的法は，伝達内容を実現する必要性を（大）（中）（小）で表明している．

(b1)　You must do so.「君はそうしナケレバナラナイ」（ナケレバナリマセン）　（大）

(b2)　You may do so.「君はそうしテモヨイ」（テモヨイデス）（中）

(b3)　You need not do so.「君はそうするヒツヨウガナイ」（ヒツヨウガアリマセン）　（小）

(b1)「しなければ」は「行なわない場合」を意味する否定の条件で，「ならない」は「許されない」を意味し，「しナクテハイケナイ」とも言う．なお，会話では「しナクッチャー」と発音される．
(b2)「シテモヨイ」は「しナクテモヨイ」を含意する．
(b3)「必要性がない」と述べている．

　以上が認識的法と義務的法の慣用的表現であって，会話でひんぱんに用

いられている．
 (c) **その他の法表現**：形容詞型の「ラシイ」，名容詞型の「ソーダ(1)」，「ソーダ(2)」，「ヨーダ」，「ミタイダ」がある．いずれも認識的法に属する．
(c1)「恵美さんは病気ラシイ」
(c2)「恵美さんは病気だソーダ」，「雨が降るソーダ」
(c3)「雨が降りソーダ」
(c4)「恵美さんは病気のヨーダ」
(c5)「恵美さんは病気ミタイダ」
(c1)「ラシイ」は様相からの推定による．
(c2)「病気だそうだ」における「ソー」は形式名詞で，これに準動詞の「ダ」が付加されている．「ソーダ」の前には，述語形の「病気だ」や「降る」が立ち，伝聞を意味する．
(c3)「降りソーダ」の「ソーダ」も形式名詞「ソー」に準動詞の「ダ」が付加されているが，その前には動詞や形容詞の語幹部がくる．「うれし・そうだ」．外見からの推測を表わす．
(c4)「病気のヨーダ」の「ヨーダ」も「形式名詞＋準動詞」の構成で，その前には形容詞形「病気の」がくる．様子を伝えている．
(c5)「ミタイダ」は「ミタヨーダ」がつづまった形で，「みたい」が名容詞となり，不確実な断定を意味する．

2．語形変化を行なわない語

　名詞，動詞，形容詞，名容詞，副詞は単独で発話をなすので，「自立語」と呼ばれている．水．流れる．冷たい．元気．ちょっと．
　ある自立語に付属して，他の自立語との関係を示したり，自立語に特定の意味を付与する自主性のない語を「助詞」と呼ぶことにする．
　助詞は，格助詞，副助詞，接続助詞と終助詞に分かれる．
(1) 格助詞
1）格助詞の目録
　述語が文を構成するのに必要とする名詞とその述語との間の関係を示す

のが格助詞である．なお，述語には，動詞述語，形容詞述語，名容詞述語，名詞述語の4種がある．

　動詞述語：正雄は学校へ行った．

「正雄は」移動する主体で，「学校へ」は移動の方向を示している．そこで，「正雄」と「学校」は「行った」という述語が必要とする名詞であり，その必要な名詞に付属した「ハ」と「ヘ」は格助詞である．

（1.1）　直子はコーヒーを飲んだ．

「飲んだ」という述語は，飲む主体の「直子」と飲まれる対象物の「コーヒー」という名詞を必要とする．そこで，対象物を表わす格助詞「を」が取り出される．

（1.2）　弘は直子と喫茶店で会った．

「会う」という述語は，会う人物の「弘は」と会う相手の「直子と」を必要とするから，格助詞「ト」を認めることができる．ただし，場所の「喫茶店で」は省略可能な要素である．

（1.3）　美和子は神戸で育った．

「育った」という述語は育った人物だけでなく，育った場所も必要とする要素である．「美和子は育った」では完結したまとまりある文とは言えない．ここで，格助詞「デ」が取り出される．

（1.4）　恵美は弘にチョコレートを渡した．

「渡す」という述語は，渡す人，渡す相手，渡される物を必要とする．助詞「に」も格助詞となる．

（1.5）　直子は音楽が好きだ．

「好きだ」という名容詞述語は，愛着を感じる人物「直子は」とその対象物の「音楽が」を必要とするので，「ハ」と「ガ」が格助詞として認められる．

（1.6）　会議は2時から5時までつづいた．

述語「つづく」では開始の時間と終結の時間が必要要素となる．「カラ」と「マデ」も格助詞となる．なお，助詞「マデ」を「ニ」や「ヘ」と置き換えることはできない．

（1.7）　象は馬より大きい．

これは，形容詞述語「大きい」による比較文である．ここでは，比較の基準となる「馬より」を省略することはできない．従って，「より」も格助詞となる．

　最後に，「雪が降る町」を「雪の降る町」と言い換えることができる．「雪が」と「雪の」の交換を通して，「ノ」も格助詞に加えることにした．これは「鬼が島」のように，古くは「が」が属格を意味していたことからもうなずける．

　以上で，格助詞は，「ハ」「ガ」「ノ」「ヲ」「ニ」「カラ」「ヘ」「デ」「ト」「マデ」「ヨリ」の11種となる．これら格助詞に次のような名称を付しておく．

　主題格「ハ」，主格「ガ」，属格「ノ」，対格「ヲ」，位置格「ニ」，起点格「カラ」，着点格「ヘ」，具格「デ」，共格「ト」，到格「マデ」，比格「ヨリ」．

2）格助詞の体系

　これら格助詞の中で，位置格「ニ」，起点格「カラ」，着点格「ヘ」は空間的体系を組んでいる．カール・ビュルナー（1827：2-7）は，空間に存在する物体を認知するときは，まず対象となる物体が静止しているか，移動しているかを識別し，静止物体はその位置により，移動する物体は移動の出発点と到着点により把握されると説明している．

　この空間の認知方式は次のように図示できよう．英語による意味特徴を右側に添えておいた．

　　　［場所格］（静止）　　　　　位置格「ニ」　　　　　　　AT

　　　　　　　（移動）　起点格「カラ」　着点格「ヘ」　FROM　TO

　こうした認知方式は，文法格の主格「ガ」，属格「ノ」，対格「ヲ」にも当てはめることができる．

　（1.8）「ラッファエルのマドンナ」

という例において，属格「の」は名詞「ラッファエル」と名詞「マドンナ」を関係づけている．これら2つの名詞は静的な関係にある．

　（1.9）ラッファエルがマドンナを描いた．

という文では，画家ラッファエルが画布にマドンナを描く対象として絵の具を施したのであるから，動作主ラッファエルが「描く」行為の起点であり，マドンナは描かれる対象としての着点と考えられる．

そこで，文法格については，次のような格の体系を組むことができる．

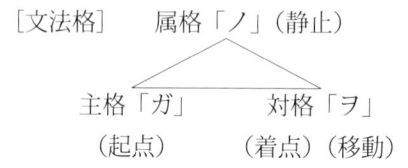

　　　［文法格］　　属格「ノ」（静止）
　　　　　　　　　　／＼
　　　　　　　主格「ガ」　　対格「ヲ」
　　　　　　　（起点）　　　（着点）（移動）

次に格助詞「ト」と「デ」であるが，

(1.10)　春子は夏子とデパートへ行った．

という例文から，共格「ト」には付加の意味がある

(1.11)　春子は手で夏子の背中を押した．

という例文から，具格「デ」は道具としてあるものに備わっていることを意味すると考えることができる．

(1.12)　私たちは愛について話した．

という文を英語とドイツ語に訳すと，

　　We talked of love. （英語）

　　Wir haben von der Liebe gesprochen. （ドイツ語）となる．

話題の「愛」については，英語では of，ドイツ語では von という前置詞が用いられている．これらは共に「〜から」を意味する起点の前置詞である．そこで，主題格の「ハ」は起点格の位置を占めると解釈できる．そこで，付帯格という系列を立てると，次のような格の体系が見えてくる．

具格はあるものが具備されていること．共格はあるものが付加されること，主題格の「あるものについて」はあるものから出てくるものを意味している．

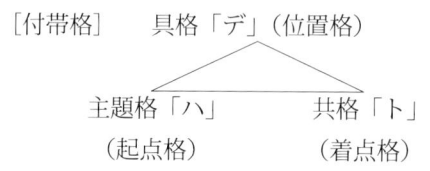

　　　［付帯格］　　具格「デ」（位置格）
　　　　　　　　　　／＼
　　　　　　　主題格「ハ」　　共格「ト」
　　　　　　　（起点格）　　　（着点格）

残りの比格「ヨリ」は，限界点をもった有界の起点であり，到格「マデ」

は限界点をもった有界の着点と見なすことができる．

　すなわち，日本語の格助詞は，次のようなトリオから成る格体系を組んでいる．

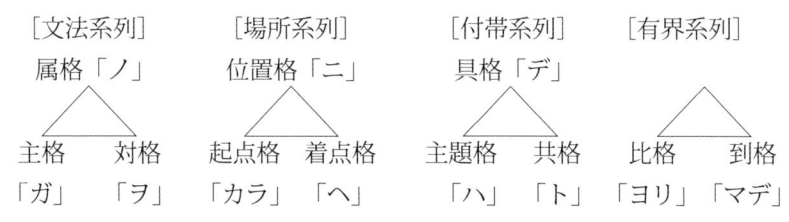

　　［文法系列］　　　［場所系列］　　　［付帯系列］　　　［有界系列］
　　　属格「ノ」　　　位置格「ニ」　　　具格「デ」
　　　　△　　　　　　　△　　　　　　　△　　　　　　　△
　主格　　対格　　起点格　着点格　　主題格　共格　　比格　到格
　「ガ」　「ヲ」　「カラ」「ヘ」　　「ハ」　「ト」　「ヨリ」「マデ」

有界系列では，三角形の頂点に当たる格が欠落している．強いて言えば，限定的な位置であるから「ニハ」が占めることになろう．

　これら格体系における位置づけは基本的なもので，副次的に他の格の機能を果たすことがある．例えば，位置格「ニ」には，基本的な(a)位置格の用法について，(b)(c)(d)のように着点格や起点格の用法もある．

　(a)　姉は東京ニ住んでいる．（場所的位置格）
　(b)　父は東京ニ向かった．（場所的着点格）
　(c)　ヒロシ君は先生ニ叱られた．（文法的起点「先生から」）
　(d)　私は山本先生ニ数学を習った．（場所的起点）

3) 空間の体系から時間と関係の体系へ

　空間認知について，R. ジャッケンドフ（1983：161-164）は，起点と着点とを結ぶ「経路」（PATH）という領域を認めている．

　(1.13)　The buss passed through a tunnel.「バスはトンネルを通り抜けた」

　(1.14)　The boy swam across the river.「少年は川を横切って泳いだ」

　上の例文に用いられている through「通って」や across「横切って」は経路の前置詞である．日本語では「通って」とか「横切って」と動詞の副詞形を用いて訳される．また，「トンネルを」とか「川を」という表現では，通過，すなわち経路の対格「ヲ」が使われている．

　位置と起点と着点に経路を加えると4項から成る空間認知ということになる．この4項認知の方式は，空間のみならず，時間の体系を説明するのにも有効である．

```
            位置 AT
         ／      ＼
      起点         着点
      FROM────────TO
           経路 VIA
```

さらに，テニエール（1966：79）は4項の空間認知方式がそのまま時間の認知方式へ移行し，さらに関係の認知方式まで及ぶと述べている．

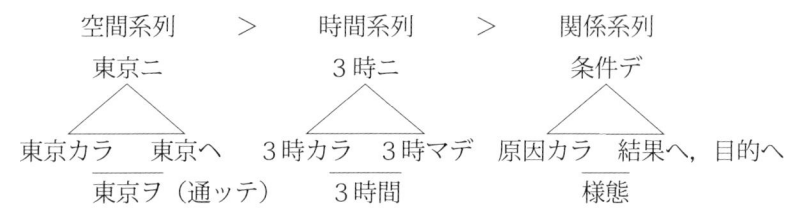

```
    空間系列      ＞    時間系列     ＞    関係系列
      東京ニ              3時ニ              条件デ
     ／    ＼           ／    ＼           ／    ＼
  東京カラ  東京へ     3時カラ  3時マデ   原因カラ  結果へ，目的へ
     東京ヲ（通ッテ）      3時間              様態
```

4）格助詞の用法
《1》空間系列の用法
《1a》場所系列の位置格「ニ」の用法

前節で触れた「ニ」の用法に次のような関係的用法が加えられる．

(e) 旅人は寒さニふるえた．（関係的起点の原因）
(f) 母は買い物ニでかけた．（関係的着点の目的）
(g) 学校は9時ニ始まる．（時間的位置）
(h) ロバは馬ニ似ている．（関係的様態の位置）
(i) この事件は悲劇ニ終わった．（関係的着点の結果）
(j) 春子はデパートで秋子ニ会った．（場所的着点の対象）

《1b》場所系列の起点格「カラ」の用法

(a) 美和子は窓カラ外を眺めた．（場所的起点）
(b) 朝カラ雨が降っている．（時間的起点）
(c) 不注意カラ火事が起きた．（関係的起点）
(d) 水は水素と酸素カラできている．（起点としての素材）

《1c》場所系列の着点格「へ」の用法

(a) 加代子はパリへと旅立った．（場所的着点）

第 3 章　日本語の形態

《2》文法系列の用法
《2a》文法系列の属格「ノ」の用法
　(a)　一方の名詞を形容詞化して他の名詞に結びつけ，2つの名詞の間にある関係が成立することを示す（主用法）：ラッファエルのマドンナ．
　(b)　副詞に付けて形容詞化する（副用法）：少しノ違い．
　(c)　格助詞に付けて形容詞化する：学校からノ知らせ．
　(d)　主格「ガ」の代用：雪が降る町　→　雪ノ降る町．
　(e)　対格「ヲ」の代用：英語を話せる人　→　英語ノ話せる人．
《2b》文法系列の主格「ガ」の用法
　(a)　赤ちゃんガ笑った．（文法的起点の動作主）
　(b)　春は桜ガ美しい．（文法的位置の対象）
　(c)　台風ガ四国地方を襲った．（文法的起点の対象）
《2c》文法系列の対格「ヲ」の用法
　(a)　大工は木ヲ切った．（文法的着点の対象）
　(b)　明子は8時に家ヲ出た．（場所的起点）
　(c)　直子はひとりで九州ヲ旅行した．（場所的位置）
　(d)　正雄は橋ヲ渡った．（場所的経路）
　(e)　帰宅は10時ヲ過ぎていました．（時間的着点）
《3》付帯系列の用法
《3a》付帯系列の具格「デ」の用法
　(a)　女の子は絵を色鉛筆デぬった．（付帯的具格）
　(b)　姉は銀行デ働いている．（場所的位置）
　(c)　恵美さんは病気デ学校を休んだ．（関係的起点の理由）
　(d)　ルミちゃんは色紙デ鶴を折った．（場所的起点としての材料）
《3b》付帯系列の主題格「ハ」の用法
　(a)　カキ料理ハ広島が本場だ．（付帯的起点の主題）
　(b)　象ハ鼻が長い．（場所的着点としての全体）
　(c)　伊豆ハ温泉が多い．（場所的位置）
　(d)　父ハふぐ料理が好きだ．（文法的着点の経験者）
　(e)　投手ハカーブを投げた．（文法的起点の動作主）

《3c》付帯系列の共格「ト」の用法
  (a) 美代子は友達ト映画へ行った．（付帯的着点）
  (b) 武男は夏子ト駅前で会った．（場所的着点の対象）
  (c) 明子は母親ト似ている．（様相的着点）
  (d) 恵美は「さようなら」ト言った．（文法的着点の対象としての伝達内容）
《4》有界系列の用法
《4a》有界系列の起点「ヨリ」の用法
  (a) うさぎは亀ヨリ早い．（比較の基準としての起点）
  (b) これヨリ立ち入り禁止．（場所的起点）
《4b》有界系列の着点「マデ」の用法
  (a) 会議は5時マデつづいた．（時間的有界着点）
  (b) 間宮林蔵は樺太マデ行った．（場所的有界着点）

上に掲げた文例について注釈を加えておくが，「材料」は起点と見なし，これら部分が集まって全体（着点）を形成する．文法系列は，影響力の方向で分析される．その影響力を発動する主体が「動作主」であり，その物理的影響を受ける着点を「対象」，心理的影響をこうむる生物体を「経験者」と見なした．また，自然力のような他にも影響を及ぼす事象を「起点の対象」とし，静止した物体を「位置の対象」，移動する物体を「経路の対象」と呼ぶことにした．

《5》ここで主格「ガ」と主題格「ハ」の用法上の相違をまとめておくが，それぞれに主用法と副用法がある．

　主題格「ハ」の主用法：主題を指す．「正雄ハ学生です」
　主題格「ハ」の副用法：対比を示す．「夏ハ暑いが，冬ハ寒い」
　さらに，他の格助詞「ニ，カラ，ヘ，デ，ト，ヨリ，マデ」と結びついて，強調の意を伝える．「ここニハ食べるものがない」，「家カラハ何も知らせがない」，「北海道ヘハ行ったことがない」，「これデハ話にならない」，「あれから直江さんトハ会っていない」「富士山ヨリハ低い」「2時マデハ家にいます」

　主格「ガ」の主用法：確認した現象の中心となる対象を伝える．「雨ガ

降っています」(佐久間鼎のいう「眼前描写」(1943：208-9))

　主格「ガ」の副用法：排他性を含意する.「恵美さんガ欠席しました」(他の人たちは出席したことを暗示している)(Kunoのいう「総記」に相当する (1973：27-8))

練習問題（日本語の形態）

次の問いに答えなさい.
1．「読む」の直説法の語形変化を与えなさい.
2．「低い」の条件法の語形変化を与えなさい.
3．「きらい」の直説法の語形変化を与えなさい.
4．「金持ちだ」の条件法の語形変化を与えなさい.
5．「飲みたい」という要望法の語形変化（直説法）を与えなさい.

「アリスはコーヒーが好きだ」

　「好きだ」という名容詞述語は「〜は〜が」という文型をとる．だから，好みを持つ人物の「アリスは」も好みの対象となる「コーヒーが」も共にこの文では必要不可欠な要素である．従って，「は」も「が」も格助詞と見なされる．一方から他方が導き出されるという関係にはない．主題格の「は」と主格の「が」が互いに協力して文を形成しているのである．

(2) 副助詞

副助詞は副詞的助詞のことである．並列の副助詞と限定の副助詞に分けられる．

1）並列の副助詞

「モ」 同類の事物の存在を含意する：東京では歌舞伎モ見ました．
　　　同類の事物を併記する：新聞モ雑誌モ読まない．
「ヤ」も同類の事物を併記する：新聞ヤ雑誌を買いました．
「ト」（共格）による併記の用法：新聞ト雑誌を買いました．
「ダノ」による併記の用法：新聞ダノ雑誌ダノ買い求めた．

2）限定の副助詞

「コソ」 強く指定する：あの人コソ立派な政治家だ．
「サエ」 最低の事例として：こんなことは子供サエ知っている．
　　　　条件の提示：君サエ承知してくれれば，万事うまくいく．
「デモ」 最低最悪の事例として：こんなことは子供デモ知っている．
　　　　　　　　　　　　　　　雨デモ行きます．
　　　　類似した事例を指示する：何かおいしいものデモ食べよう．
「ダッテ」「デアッテモ」の縮約形．程度を示す：こんなことは子供ダッテ知ってるよ．
「シカ」 それ以外のものを除外する：あやまるシカしようがない．
「ホカ」 同上：あやまるホカどうしようもない．
「ナリ，ナリト，ナリトモ」 文語調で，「デモ」と同じ：どこナリト行ってよい．
「ナリ」 ある状態を示す：寝たナリ，起きようともしない．
「バカリ」 ある特定の事柄や程度を示す：泣いてバカリいる．客が3人バカリいた．
「ダケ」 あるものに限定し，他を排除する：母にダケ話しておいた．3人ダケ後に残った．
「ノミ」 ある事柄に限定する：仕事にノミ熱中する．
「キリ」 限定を示す：あれキリ姿を見せない．
「ホド」 分量と程度を示す：あたりが見えないホド暗くなった．会場に

第3章　日本語の形態

　　は5人ホド残った．
　「クライ」　同上：会場には5人グライ残っていた．10歳グライの女の
　　　　　　　子がいた．
　「ナド」「ナンド」「ナゾ」「ナンカ」　同類の事物を示す：写真ナド見せ
　　　　　　　てもらった．
　「ズツ」　配分を示す：ビールを1本ズツ配った．
　「ドコロ（カ）」　予想外の事柄を意味する：安心ドコロカ，心配ばかり
　　　　　　　している．
　限定の副助詞は副詞として機能する．

(3)　終助詞

　終助詞は，(a)語形変化の要素となるものと，(b)述語形の後に付加されるものに分けられる．

(a)　語形変化の要素となるもの：
　「ロ」「ヨ」　母音動詞の命令形の語尾を形成する：あれを見ロ（～見ヨ）．
　　　　　　　（富士川より西は「見ヨ」）
　　子音動詞では，語幹母音が「エ」段となる．書け　/kake/
「ナ」　命令の否定形，すなわち禁止形の語尾：そんなことを言うナ．（述
　　　語形に付く）
「テ」　依頼形の語尾：早く来テ．本来は動詞の副詞形で，動詞の語幹部に
　　　付く（主に女性が用いる）
「タ」　過去形の語尾：書いタ．（否定の過去形は「書かナカッタ」）
「バ」「ラ」条件の非過去形の語尾：書けバ．見れバ．過去形には「ラ」
　　　が付く：書いたラ，見たラ．
「ダロー」　推量法の語尾：書くダロー．（述語形に付く）
「タイ」　要望法の語尾で，動詞語幹のイ段に付く：書きタイ．
「カ」　疑問の接尾辞：
《1》述語形の後に付加されて疑問文を形成する：この本を読んだカ（読
　　　みましたカ）．
　　この本を読まなかったカ（この本を読みませんでしたカ）．
《2》疑問代名詞に付加されて，不定代名詞となる．

　　　　だれがいますか→だれカいますか．
《3》事物を併記して，その内一方を選ぶ．
　　　　母カ姉カ（ノ）（どちらカ）が家にいます．
(b)　話し手と聞き手の間の親愛表現
「ネ」　話し手が親しみをこめて，聞き手に同意を求めたり，その意向を認める場合：
　　　　君，分かりましたネ．これでどうだネ．いやな猫だネ（ネー）．（女性「いやな猫ダワネー」）
「ヨ」　話し手が親しみをこめ，相手を誘ったり，自分の意向を述べる場合：
　　　　さあ，行くヨ．それは困るヨ．（女性「困るわ，困るわヨ，困るのヨ」）
　　　　「ゾ」「ゼ」は「ヨ」の代わりに男性が用い，強い指定を表わす．それはダメだゾ（ぜ）．
「ナ」　感動を表わす．このあたりはしずかだ（ナ）．（女性「しずかだワ」「しずかよ（ネ）」）

(4)　接続助詞

　接続助詞は名詞や動詞語幹，または述語形に付加されて，主節に接続させる助詞である．
「バ」　条件法を導く：この本を読めバすぐ分かる．（動詞語幹母音のエ段につく）
「レバ」　いま起きレバ，列車に間に合う．（形容詞や母音動詞ではレバとなる）
　　　　早けレバ，明日着くでしょう．
「ト」　カーテンを開けるト朝日がさしこんだ．（同時）
　　　　「ト」が「バ」と入れ替わる場合：この本をよむト，すぐ分かる．（条件）
　　　　急がないト，列車に間に合わない．
「タラ」　過去形の「タ」に条件法の「ラ」が付加されたもの：
　(a)　図書館へ行っタラ，正雄君が本を読んでいた．（時間的）
　　　　「図書館へ行く」という行為が実現した結果，正雄君を見かけた．
　(b)　京都へ行っタラ，八橋を買ってきてください．（条件的）

第3章　日本語の形態

　　「京都へ行く」という出来事の実現を前提として依頼している．
「ナラ」　名詞や名容詞に付加されて条件を表わす：京都ナラ八橋を売っている．
　　　　みなさんが元気ナラ，うれしいことです．
　　　　動詞の述語形にナラを付加して条件とすることができる．
　　　　ヨーロッパへ行くナラ，パリへ行くとよい．
　前件の「ヨーロッパ旅行」を前提とした場合，後件のような行為が望ましいと述べている．
　事実とは逆の事柄を想定することを反事実的仮定と呼んでいる．
　(a)　もし，宝くじで1千万円当たっタラ，何を買いますか．
　(b)　もし，ぼくが君の立場ナラそんなことはしないよ．
　動詞の過去形に「ラ」を付けるか，名詞に条件のナラを付けて表わす．
「テモ」　動詞の副詞形にモを付けて譲歩を意味する．
　　　　明日雨が降ってテモ，出発します．
　　　　形容詞の副詞形にテモを付けて譲歩を表わす．
　　　　どんなに辛くテモ，がんばります．
「ケレド」　譲歩を意味する：よく探したケレド（モ）見つからなかった．
　　　　　逆の関係を示す：夏は日が長いケレド，冬は短い．
「ガ」　(a)　予測しないことを対比して述べる：よく探したガ，見つからなかった．
　　　(b)　逆の関係を示す：夏は日が長いガ，冬は短い．
　　　(c)　次に述べることの前置きとして：寒さも厳しく成りましたガ，お元気でしょうか．
「ノニ」　形式名詞「ノ」に格助詞「ニ」が付いて譲歩を意味する：
　　　　父はいつも元気なノニ，風邪をひいた．
「ノデ」　形式名詞「ノ」に格助詞「デ」が付いて理由を表わす：
　　　　父が頑固なノデ，みな困っている．
「カラ」　格助詞のカラを用いて原因をあらわす：
　　　　父が頑固だカラ，みな困っている．
「モノヲ」「モノノ」　形式名詞「モノ」に格助詞「ヲ」「ノ」を付けて譲歩

を表わす．「ナラ」を付けると条件となる：
　　加代子はピアノが弾けるモノヲ（ノ）弾かなかった．
　　やれるモノナラやってごらん．
「トコロ」「トコロガ」「トコロデ」　形式名詞「トコロ」に格助詞「ガ」と「デ」が付く：
　　山田さんを訪れたトコロ（ガ），留守だった．（予想に反して）
　　どんなに頼んだトコロデ，聞き入れてもらえそうにもない．（譲歩）
「テ」　並列の意：おもしろくテ，ためになる．
「テモ」「デモ」に置き換えられる：どんなに頼んデモ．（譲歩）
　　「タッテ」に置き換えられる：武男はどんなに叱られタッテ，平気だ．（譲歩）
「シ」　述語形に「シ」を付けて併記を表わす：あの人は酒も飲むシ，たばこも吸う．
「リ」　過去形に「リ」を付けて併記を表わす：山本さんは本を読んだリ，絵を描いたリしている．
「ナガラ」　動詞語幹に助詞「ナガラ」を付けて並行的行為を表わす：テレビを見ナガラ，ご飯を食べる．

　語形変化を行う語に，動詞，形容詞，準動詞がある．変化しない語としては，助詞と副詞がある．厳密に言うと，名詞，名容詞（病気ノ，元気ナ）も形容詞形に限って変化する．

　　(d)　言明動詞や思考動詞と共に助詞「ト」を付けて，その内容を表わす．
　a）先生は語学の勉強には復習が必要だト話した．（「ト」の前は名詞節）
　b）先生は語学の勉強には復習が必要ナコトを話した．（「コト」の前は形容詞句）

　文a）の「必要だ」は述語形であるからトの前は名詞節となる．b）の文では，「必要ナ」は次のコトを修飾するので，コトを含めて名詞句となる．

　　(e)　形式名詞
　形式名詞は，名詞としての具体的な意味が薄く，抽象的で形式的内容をもち，その前に形容詞句を伴って，文の部分を形成する．日本語では形式名詞がおおいに活用されている．

形式名詞の「コト」と「ノ」は名詞句を作るのに用いられる．
漢字を覚えるコト（ノ）はたいへんだ．
直子さんが結婚したコト（ノ）を知らなかった．
以上の例文における形式名詞「コト」と「ノ」は交換可能である．

3．否定と疑問

(1) 否定表現

日本語には4種の述語がある．1）動詞述語，2）形容詞述語，3）名容詞述語，4）名詞述語．これらの述語はそれぞれ次のように否定される．

1）動詞述語否定

動詞述語は，時制の文法カテゴリーにより非過去と過去に変化する．また，対極性のカテゴリーにより肯定形と否定形に分かれる．

	［肯定形］	［否定形］
非過去：	カク（カキマス）	カカナイ（カキマセン）
過去：	カイタ（カキマシタ）	カカナカッタ（カキマセンデシタ）

動詞の否定形はいずれも「ナイ（アリマセン）」と「ナカッタ（アリマセンデシタ）」という形容詞の要素を含んでいるので，実は形容詞化していると言える．

普通形の否定は，語幹母音ア段の「カカ」に「ナイ」と「ナカッタ」が添加されているが，丁寧形では，語幹母音イ段の「カキ」に「マセン」と「マセンデシタ」が添加されている．

2）形容詞述語否定

	［肯定形］	［否定形］
非過去：	タカイ	タカクナイ
	（タカイデス）	（タカクナイデス）
過去：	タカカッタ	タカクナカッタ
	（タカカッタデス）	（タカクナカッタデス）

非過去形「タカクナイ」の「タカク」は形容詞の副詞形で，これに否定の形容詞「ナイ」が付加されている．過去形の「タカカッタ」は「タカク・

アッタ」がつづまったものであり,「タカクナカッタ」は「タカク・ナク・アッタ」の縮約形である．丁寧形はこうした普通形に「デス」が付加されている．

3）名容詞述語否定

	［肯定形］	［否定形］
非過去：	元気ダ	元気デハナイ
	（元気デス）	（元気デハアリマセン）
過去：	元気ダッタ	元気デハナカッタ
	（元気デシタ）	（元気デハアリマセンデシタ）

ここでは,準動詞の時制により「ダ」と「ダッタ」,および否定の「デハナイ」と「デハナカッタ」が用いられている．丁寧形では,時制により「デス」と「デシタ」,否定の「デハアリマセン」と「アリマセンデシタ」が付加されている．

4）名詞述語否定

	［肯定形］	［否定形］
非過去：	病気ダ	病気デハナイ
	（病気デス）	（病気デハアリマセン）
過去：	病気ダッタ	病気デハナカッタ
	（病気デシタ）	（病気デハアリマセンデシタ）

丁寧形の否定は動詞「アル」の否定「アリマセン」と「アリマセンデシタ」が用いられている．これらは前の名詞｛病気｝を否定するので「デハ」が付加されている．この「デハ」は「ジャー」と発音される．

5）結合否定

以上の否定形は述語とこれが支配する行為項もしくは状況項との間の結合関係を否定したものである．なお,動詞述語,形容詞述語,名容詞述語が文を形成するのに必要とする名詞要素を「行為項」,必要としない要素を「状況項」と呼ぶ（77頁参照）．

(1)　きのう　佳代子は　久雄に　　メールを　送った．
　　　状況項　行為項1　行為項2　行為項3　動詞述語

上の例文では,「送った」が動詞述語で,これが支配する行為項の名詞は

「佳代子は」,「久雄に」,「メールを」である.そして,「きのう」が状況項に相当する.

(2) きのう佳代子は久雄にメールを送らなかった.

上の文では,動詞の否定形「送らなかった」は,これが支配する「きのう」「佳代子は」「久雄に」「メールを」という項の間に「送る」という行為が成立しなかったことを伝えている.

6) 核否定

例文における行為項の「佳代子は」「久雄に」「メールを」,および状況項の「きのう」を否定する場合を「核否定」という.日本語には,2種類の核否定がある.各項を全面的に否定する「完全核否定」(a)と特定の人物や事物を否定する「特定核否定」(b)とがある.

(2a1) いつも佳代子は久雄にメールを送らなかった.(完全核否定)

(2b1) きのうは佳代子は久雄にメールを送らなかった.(きのうに限って,特定核否定)

(2a2) きのうだれも久雄にメールを送らなかった.(完全核否定)

(2b2) きのう佳代子が久雄にメールを送らなかった.(佳代子以外に限る,特定核否定)

(2a3) きのう佳代子はだれにもメールを送らなかった.(完全核否定)

(2b3) きのう佳代子は久雄にはメールを送らなかった.(久雄以外に,特定核否定)

(2a4) きのう佳代子は久雄になにも送らなかった.(完全核否定)

(2b4) きのう佳代子は久雄にメールは送らなかった.(メール以外を,特定核否定)

完全核否定では,「いつも,だれも,だれにも,なにも〜ない」という否定形式をとるが,特定核否定では,各項が主題格助詞「は」をとる.ただし第1行為項は主語格助詞「が」をとる.

(2) 疑問表現

日本語では,疑問の終助詞「か」を語形変化形に付加して疑問を表わす.

1）動詞述語の疑問

	［肯定］	［否定］
非過去：	カク・カ	カカナイ・カ
	（カキマスカ）	（カキマセン・カ）
過去：	カイタ・カ	カカナカッタ・カ
	（カキマシタカ）	（カキマセンデシタ・カ）

2）形容詞述語の疑問

	［肯定］	［否定］
非過去：	タカイ・カ	タカクナイ・カ
	（タカイデス・カ）	（タカクナイ・デスカ）
過去：	タカカッタ・カ	タカクナカッタ・カ
	（タカカッタデス・カ）	（タカクナカッタデス・カ）

3）名容詞述語の疑問

	［肯定］	［否定］
非過去：	スキ・カ	スキデハナイ・カ
	（スキデス・カ）	（スキデハナイデス・カ）
過去：	スキダッタ・カ	スキデハナカッタ・カ
	（スキデシタ・カ）	（スキデハナカッタデス・カ）

4）名詞述語の疑問

	［肯定］	［否定］
非過去：	病気・カ	病気デハナイ・カ
	（病気デス・カ）	（病気デハナイデス・カ）
過去：	病気ダッタ・カ	病気デハナカッタ・カ
	（病気デシタ・カ）	（病気デハナカッタデス・カ）

5）核疑問

1）から4）はいずれも結合疑問の変化形であるが，否定と同じく核疑問がある．

（3a）きのう佳代子は久雄にメールを送りましたか．

核疑問にも，全面核疑問と特定核疑問とがある．

上の例文において，状況項の「きのう」，行為項の「佳代子は」「久雄に」「メールを」について述語の「送る」という行為が成立するかどうかを尋

ねるのが結合疑問である．

核疑問では，それぞれの「状況項」と「行為項」について個々に全面的もしくは特定核疑問を投げかけている．

　（3a1）いつ佳代子は久雄にメールを送りましたか．（全面核疑問）
　（3a2）きのうは佳代子は久雄にメールを送りましたか．（特定核疑問）
　（3b1）きのうだれかが久雄にメールを送りましたか．（全面核疑問）
　（3b2）きのう佳代子が久雄にメールを送りましたか．（特定核疑問）
　（3c1）きのう佳代子はだれかにメールをおくりましたか．（全面核疑問）
　（3c2）きのう佳代子は久雄にはメールを送りましたか．（送り相手についての特定核疑問）
　（3d1）きのう佳代子は久雄になにを送りましたか．（全面核疑問）
　（3d2）きのう佳代子は久雄にメールは送りましたか．（送ったものについての特定核疑問）

以上で疑問形と否定形についての記述を終える．

4．一部変化する語

ここには，(1)代名詞と(2)数詞が所属する．

(1) 代名詞

代名詞は，事物の名称を言う代わりに，そのものを直接指し示めす語である．
代名詞は，人を指す人称代名詞と，物を指す指示代名詞とがある．

1) 人称代名詞は，「話し手」，「聞き手」，「話し手と聞き手以外」とに分かれる．話し手が聞き手にある内容を言語伝達するのであるが，この言語伝達に直接携わる話し手と聞き手を伝達の「関与者」と呼び，伝達内容として取り上げられる人や物を「非関与者」と称する．要するに，話し手が「1人称」，聞き手が「2人称」，話題となる人や物が「3人称」に相当する．日本語の人称代名詞は複雑で単一ではない．

1人称：わたし，ぼく，おれ．（家族の中での地位「おとうさん，おかあさん」など）

2人称：あなた，君，お前．（相手の身分「先生，課長，奥さん，お客さん」など）

3人称：あの人，その方，この子．（指示代名詞の付いた名詞の形で）

こうした人称の呼び方は複雑であるから，語用論の項（144頁）を参照されたい．「彼」とか「彼女」という表現は，3人称の代名詞ではなく，「恋人」や「交際相手」を意味する．

2）指示代名詞は，近称（話し手の領域内のもの），中称（聞き手の領域内のもの），遠称（話し手と聞き手以外の領域にある人や物），不定（疑問）を示す4種の指示詞から成っている．

	（近称）	（中称）	（遠称）	（不定）
［事物］	これ	それ	あれ	どれ
［所属］	この	その	あの	どの
［場所］	ここ	そこ	あそこ	どこに
［方向］	こちら	そちら	あちら	どちら
	（こっち）	（そっち）	（あっち）	（どっち）

これは本です．ここに本があります．こちらへ来てください．

3）疑問代名詞

不明の人や物を尋ねるときは疑問代名詞を用いる．

（事物について）ナニ（モ）　　　（時間について）イツ（モ）
（人物について）ダレ（モ）　　　（選択する場合）ドレ（モ）
（場所について）ドコ（モ）　　　（方向について）ドチラ（モ）

疑問代名詞に「モ」が付くと核否定となる．

ここにはナニモない．ここにはダレモいない．ドコニモ人がいない．
イツモお金がない．ドレモよくない．ドチラヘモ行けない．

4）不定代名詞

疑問代名詞に疑問の「カ」を付けると不定代名詞になる．

（不定の事物）ナニカ　　　　　（不定の方向）ドチラカ，ドッチカ
（不定の人物）ダレカ　　　　　（不定の時間）イツカ
（不定の選択）ドレカ，ドチラカ

飲み物はナニカありませんか．　舟を漕げる人はダレカいませんか．

偽物はドレカ分からない．　　　イツカまた会うことができるでしょう．

5）否定形と疑問形
(a) 否定形

　動詞と形容詞の否定形は，否定の助詞「ナイ」により表わされる．「ナイ」は非過去形「ナイ」と過去形「ナカッタ」に変化する．子音動詞では語幹末母音のア段に，母音動詞では末尾のルを削除して「ナイ」を付ける．

　　書く　　＞　書かナイ，書かナカッタ．
　　起きる　＞　起きナイ，起きナカッタ．

　形容詞では，その副詞形に「ナイ」を付ける．

　　おもしろい　＞　おもしろくナイ，おもしろくナカッタ．

　名詞や名容詞を否定する場合は，準動詞「デハナイ」(非過去形)と「デハナカッタ」(過去形)を用いる．ただし，名容詞は形容詞形の「ナ」を省いた形に否定語尾を付ける．

　　病気ダ　＞　病気デハナイ，病気デハナカッタ．
　　たいへんダ　＞　（たいへんナ）　＞　たいへんデハナイ，
　　　　　　　　　　　　　　　　　　　　たいへんデハナカッタ．

　以上普通形を扱ったが，次に丁寧形を説明しておこう．

	［肯定形］	［否定形］
動詞：（非過去形）	書きマス，起きマス	書きマセン，起きマセン
（過去形）	書きマシタ，起きマシタ	書きマセンデシタ，起きマセンデシタ
形容詞：（非過去形）	おもしろいデス	おもしろくアリマセン
（過去形）	おもしろカッタデス	おもしろくナカッタデス おもしろくアリマセンデシタ
名詞：（非過去形）	病気デス	病気デハアリマセン
（過去形）	病気デシタ	病気デハアリマセンデシタ
名容詞：（非過去形）	たいへんデス	たいへんデハアリマセン
（過去形）	たいへんデシタ	たいへんデハアリマセンデシタ

　否定の非過去形であるが，動詞は「マセン」，形容詞は「アリマセン」，名詞と名容詞では「デハアリマセン」となる．否定の過去形では，動詞は

「マセンデシタ」，形容詞は「アリマセンデシタ」，名詞，名容詞は「デハアリマセンデシタ」となる．
(b) 疑問形

　疑問形では，疑問の助詞「カ」が文末にくる．

　　　　　　（普通形）　　　　　　（丁寧形）
（肯定）　コーヒーを飲むカ．　　　コーヒーを飲みマスカ．
（否定）　コーヒーを飲まないカ．　コーヒーを飲みマセンカ．（勧誘）
　　　　　コーヒーを飲まないノカ．コーヒーを飲まないノデスカ．（疑問）

　否定疑問の「飲まないカ」や「飲みマセンカ」は勧誘となる．

(2) 数詞

　数詞は数量を表わす語であるが，和数詞と漢数詞とがある．

1）和数詞

1つ	2つ	3つ	4つ	5つ	6つ	7つ	8つ
ヒトツ	フタツ	ミッツ	ヨッツ	イツツ	ムッツ	ナナツ	ヤッツ
9つ	10						
ココノツ	トオ						

日付の数え方：

| 1日 | 2日 | 3日 | 4日 | 5日 | 6日 | 7日 | 8日 |
| ツイタチ | フツカ | ミッカ | ヨッカ | イツカ | ムイカ | ナノカ | ヨウカ |

9日　　10日　14日　　　　20日　24日　　　　　30日
ココノカ　トオカ　ジュウヨッカ　ハツカ　ニジュウヨッカ　ミソカ

　これらの日にち以外は漢数詞を用いる．例：11日　ジュウイチニチ，12日　ジュウニニチ，13日　ジュウサンニチ，15日　ジュウゴニチ，16日　ジュウロクニチ．

　和数詞「ナナ」は，漢数詞「シチ」の代わりに用いられることがある．例：70「ナナジュウ」，700「ナナヒャク」，7,000「ナナセン」，70,000「ナナマン」．

第3章　日本語の形態

2）漢数詞

1	2	3	4	5	6
イチ	ニ	サン	シ(ヨン)	ゴ	ロク
7	8	9	10	11	12
シチ	ハチ	ク(キュー)	ジュウ	ジュウイチ	ジュウニ
20	30	100	1,000	10,000	
ニジュウ	サンジュウ	ヒャク	セン	マン	

月の数え方：

1月　　2月　　3月　　4月　　5月　　6月　　7月
イチガツ　ニガツ　サンガツ　シガツ　ゴガツ　ロクガツ　シチガツ
8月　　9月　　10月　　11月　　12月
ハチガツ　クガツ　ジュウガツ　ジュウイチガツ　ジュウニガツ
正月　ショウガツ

3）助数詞

人の数え方：

1人　　2人　　3人　　4人　　5人　　6人　　これ以上漢数詞
ヒトリ　フタリ　サンニン　ヨニン　ゴニン　ロクニン

　人を数えるとき，助数詞｛ニン｝には異形態「ニン」と「リ」がある．異形態「リ」は「ニン」とは語形が異なるだけでなく，「ヒト」と「フタ」としか結合しない．他はすべて「ニン」が用いられる．このように，ある特別な場合にしか用いられない異形態を「補充形」と呼ぶ．

動物の数え方：

1匹　　2匹　　3匹　　4匹　　5匹　　6匹　　7匹
イッピキ　ニヒキ　サンビキ　ヨンヒキ　ゴヒキ　ロッピキ　シチヒキ
8匹　　　　　9匹　　　10匹
ハッピキ（ハチヒキ）　キュウヒキ　ジュッピキ

　助数詞「匹」を調べてみると，「ヒキ」は2，4，5，7，9に用いられ，「ピキ」は1，6，8，10に用いられている．そして，「ビキ」は3のみに用いられる．

{形態素} /異形態/　　　　　{形態素} /異形態/

{niN}　／niN/（3以上）　　　　　／hiki/（2，4，5，7，9）の後．
「人」＼／ri/　　　　　　　　{hiki}←／biki/（3）の後
　　　　　　　　　　　　　　「匹」＼／piki/（1，6，8，10）の後．

　/ri/ は「ヒト」と「フタ」と結合し，/niN/ と語形が異なるので補充形である．

　そこで，形態素 {ヒキ} は3つの異形態「ヒキ」「ピキ」「ビキ」をもつことになる．

　また，数詞の方では，1「イチ」〜「イッ」，6「ロク」〜「ロッ」，8「ハチ」〜「ハッ」，10「ジュウ」〜「ジュッ」のように，これらの数詞は促音「ッ」をもつ異形態を備えている．助数詞「本」{ホン}，「階」{カイ} なども {ヒキ} と同じように数えられる．ただし，「回」{カイ} では，3回「サンカイ」と数えられる．

　また，「点」{テン} や「冊」{サツ} では，1，8，10では促音の数詞を使うが，6点は「ロクテン」であり，「ロッテン」とはならない．6冊も同様に「ロクサツ」である．

　また，「台」や「番」「時」「年」「枚」のような有声子音や鼻音で始まる助数詞では促音の数詞は用いられない．「杯」「発」「頭」「着」「千」「個」のように無声子音で始まる助数詞では必ず促音の数詞が使われる．

　とにかく数詞は日常生活と密着しているので，使用される頻度数が多い．日本語は助数詞を添えて物を数えるから，助数詞による正確な数え方をマスターする必要がある．

　　いつお生まれになりましたか．（生年月日を尋ねる）
　　　わたしは1986年9月3日に生まれました．
　　　　「イッセンキュウヒャクハチジュウロクネン　クガツ　ミッカ」
　昭和61年「ショーワロクジュウイチネン」，
　平成19年「ヘーセージュウクネン」
　　おいくつですか．（年齢を尋ねる）
　　　21歳です「ニジュウイッサイ」．
　　おいくらですか．（値段を尋ねる）

880円です「ハッピャクハチジュウエン」
わたしは朝7時「シチジ」に起きて，8時半「ハチジハン」に家を出ます．

序数：順序を示す序数は，数詞の前に「第」を付けるか，数詞の後ろに「目」を付けて表わす．　第3巻「ダイサンカン」．　前から3番目「サンバンメ」．

　身長　172cm「ヒャクナナジュウニセンチ」
　体重　64kg「ロクジュウヨンキロ」
　計算：　5－3　＝　2「ゴヒクサンワニ」
　　　　　5＋2　＝　7「ゴタスニワナナ（シチ）」
　　　　　5×2　＝　10「ゴカケルニワジュウ」
　　　　　8÷2　＝　4「ハチワルニワヨン」
（分数）　3分の1「サンブンノイチ」，
（少数）　0.23「レーテンニイサン」

5．品詞の派生関係

次に各品詞の派生関係を調べてみることにする．

(1)　名詞類

名詞，名詞句，名詞節をまとめて，「名詞類」と呼ぶことにする．同じく形容詞，形容詞句をまとめて，「形容詞類」とし，副詞，副詞句，副詞節の総体を「副詞類」とする．

名詞は，文法格「ガ」，「ノ」，「ヲ」を付加することのできる語群を指す．

名詞には，1）他の品詞から派生した派生名詞と，2）本来からの本質名詞とがある．

1）派生名詞

(a)　動詞から派生するもの．

子音動詞は動詞語幹末母音をイ段とする．ただし，母音動詞は末尾の「ル」を取り去った形とする．

　ヨム ＞ ヨミ，ウゴク ＞ ウゴキ，ハタラク ＞ ハタラキ．
ただし，カンジル ＞ カンジ，オシエル ＞ オシエ．

こうした派生名詞形には，要望法の語尾「タイ」や同時的行為を表わす語尾「ナガラ」が付加されるし，相を表わす動詞とも結合する．
　ヨム ＞ ヨミ・タイ，ヨミ・ナガラ，ヨミ・ハジメル，ヨミ・オエル．
　(b)　形容詞から派生するもの．
　形容詞語尾のイを「サ」に改める．あるいは，「コト」を付ける．
　タカイ ＞ タカサ，タカイ・コト．　フカイ ＞ フカサ，フカイ・コト．
　ウツクシイ ＞ ウツクシサ，ウツクシイ・コト．
　(c)　名容詞では，形容詞化語尾のナを「サ」に改めるか，これを取り去った形が名詞として用いられる．また，形容詞形に「コト」を付加してもよい．
　正直ナ ＞ 正直サ，正直，正直ナコト．
　まじめナ ＞ まじめサ，まじめ，まじめナコト．
　(d)　言明動詞や思考動詞の前に助詞「ト」を付けて，その内容を表わす．
　　d1) 先生は語学の勉強には復習が必要だト話した．（「ト」の前は名詞節）
　　d2) 先生は語学の勉強には復習が必要ナコトを話した．（「コト」の前は形容詞句）
　d1) の文の「必要だ」は述語形であるからトの前は名詞節となる．d2) の文では，「必要ナ」は次のコトを修飾するので，コトを含めて名詞句となる．
　(e)　形式名詞
　形式名詞は，名詞としての具体的な意味が薄く，抽象的で形式的内容をもち，その前に形容詞句を伴って，文の部分を形成する．日本語では形式名詞がおおいに活用されている．
　形式名詞の「コト」と「ノ」は名詞句を作るのに用いられる．
　e1) 漢字を覚えるコト（ノ）はたいへんだ．
　e2) 直子さんが結婚したコト（ノ）を知らなかった．
　以上の例文における形式名詞「コト」と「ノ」は交換可能である．
　e3) 本を読むコトと話を聞くコトは，ことばを覚えるノに大切だ．
　「コト」は事柄としてその性質や内容まで含めて表わすが，「ノ」は行為そのものを指す．

e4）よく観察するコトが大事だ．武男は走るノが得意だ．

次のように，「見る」「聞く」のような知覚動詞では「ノ」が好まれる．

e5）窓から子供たちが楽しげに遊んでいるノが見えた．

e6）妹が部屋でピアノの練習をしているノが聞こえた．

e7）妻は夫が帰ってくるノを待っていた．（動詞「待つ」の場合も「ノ」をとる）

また，次の場合は「コト」が好まれる．

e8）先生は生徒にレポートを出すコトを言いつけた．（命令，依頼）

e9）君が大学に合格するコトを祈っている．（祈願）

ただし，上記2つの例文では「コト」は，「ヨーに」と言い換えられる．

(f) 形式名詞の種類

時間系列：トキに，オリに，マエに，アイダに，アトに，サイに，バアイに，トコロに．

関係系列：タメに（原因，目的），ハズだ（当然），ワケだ（理由），ツモリだ（意図），ヨーに，トーリに（様態）．

(2) 形容詞類

形容詞は名詞を修飾する語句であって，形容詞句には2種類がある．

1) 派生形容詞

(a) 名詞派生の形容詞：名詞に属格の助詞「ノ」をつけたもの．「子供ノ絵本」の「子供ノ」は次にくる名詞の「絵本」を修飾している．

(b) 動詞派生の形容詞：国文法で連体形と呼ばれてきたもので，動詞の語形変化形はそのまま次にくる名詞を修飾できる．「子供が読む本」「子供の頃読んだ本」の例における非過去形の「読む」も過去形の「読んだ」もともに次に立つ名詞の「本」を修飾している．この場合，形容詞形として機能している．

2) 本質形容詞

本来の形容詞で，動詞的形容詞と名詞的形容詞の2種がある．

(a) **動詞的形容詞**は動詞に類似した語形変化を行う．すなわち，非過去形と過去形で語形を変える．「タカイ」（非過去形）〜「タカカッタ」（過去形）

(b) **名詞的形容詞**（名容詞）は，名詞と同じように準動詞によって述語化する．国文法では「形容動詞」と呼ばれてきた．

b1) 子供はライスカレーが好きダ．

b2) ライスカレーは子供ノ好物ダ．

b3) 子供の好きなライスカレー．

名容詞の「好きダ」も名詞の「好物ダ」も準動詞「ダ」により述語化している．

名容詞の形容詞形は「好きナ」のように助詞「ナ」をとる．

名詞の形容詞形は「子供ノ」のように助詞「ノ」をとる．

要するに，名容詞と名詞との決定的相違は，形容詞形における助詞「ノ」と「ナ」の相違である．

ただし，理由の「ので」と譲歩の「のに」の前では，名詞は「ナので」「ナのに」の語形をとる．

b4) 母親は子供が病気ナので学校へ知らせた．

b5) 冬子は病気ナのに学校へ出かけた．

動詞の否定形「カカナイ」の「ナイ」は形容詞として変化する．過去形は「カカナカッタ」

(c) **指示詞**

指示詞「これ」「それ」「あれ」は形容詞形の「ノ」形と名容詞の「ナ」形をもっている．

指示詞	指示述語形	形容詞形	名容詞形	様態述語形	位置形	方向形
これ	これダ	コノ	こんナ	こんなダ	ここ	こちら (こっち)
それ	それダ	そノ	そんナ	そんなダ	そこ	そちら (そっち)
あれ	あれダ	あノ	あんナ	あんなダ	あそこ	あちら (あっち)
(疑問)						
どれ	どれダ	どノ	どんナ	どんなダ	どこ	どちら (どっち)

疑問の指示詞「どれ」は他の指示詞と同じような種類の語尾をもつ.
形容詞節：日本語には関係代名詞に相当する語がないので，形容詞節は成立しない.

The letter which I wrote.「私が書いた（トコロノ）手紙」

英語では，関係代名詞 which が先行詞の the letter に掛かっているが，日本語では「私が書いた」という形容詞句が直接名詞の「手紙」を修飾していることになる.

(3) 副詞類

副詞は動詞や形容詞と名容詞それに副詞も修飾する語である．副詞には，他の品詞から派生したものと本質的なものとがある.

1）派生副詞

(a) 動詞から派生した副詞：動詞の過去形の語尾「タ」を「テ」に,「ダ」を「デ」に代えると副詞形になる．書いタ＞書いテ，読んダ＞読んデ，起きタ＞起きテ.

(b) 形容詞から派生した副詞：形容詞の語尾「イ」を「ク」に改めると副詞形になる．高イ＞高ク，長イ＞長ク.

(c) 名容詞から派生した副詞：形容詞形の語尾「ナ」を格語尾「ニ」とすれば副詞形になる．元気ナ（人）＞元気ニ（働く），まじめナ（人）＞まじめニ（働く）.

(d) 名詞から派生した副詞：格助詞「デ」もしくは「ニ」を付加すれば副詞になる．病気デ（寝ている）．本当ニ（困る）.

2）本質副詞

本質副詞はそのままで副詞として働く.

(a) 状態を表わすもの：あの人はキット成功する．シッカリ勉強してください.

(b) 擬態語（ものごとの状態や様子の感じを表わすもの）：ニッコリ笑う．ハッキリ言う．ノンビリ暮らす．ピカピカ光る．コツコツ働く.

(c) 擬音語（ものの音や声をまねて表わすもの）：ガタガタ音がする．ワイワイ騒ぐ．ゴロゴロ鳴る.

(d) 重複：ミルミル変わる．カサネガサネ残念だ．ナクナク家へ帰った.

（「見る，重ねる，泣く」という動詞重複）
　(e)　程度の副詞：スコシむずかしい．タイヘンやさしい．タイソウ面倒だ．ナカナカ立派だ．カナリきつい仕事．（形容詞と名容詞を修飾する）
　　スコシ困る．オオイニ悩む．ボンヤリ見える．（動詞を修飾する）
　　ゴク簡単に．モットしっかり握りなさい．（副詞を修飾する）
　(f)　関連副詞：否定や疑問それに法表現と関連している副詞．
　f1）モシ雨がふれバ，運動会は中止だ．（条件法）
　f2）あの人はタブンこないダロウ．（推量法）
　f3）君はドウシテいやなのカ．（疑問文）
　f4）私はマッタク知りません．（否定文）
　f5）恵美さんがマダ来ない．（否定文）
　f6）この湖はマルデ海のようだ．（比較）
　3）副詞句と副詞節の構造：副詞は動詞，形容詞，名容詞，名詞の述語を修飾するが，文全体を修飾することもある．
　(a)　副詞句は「形容詞句＋形式名詞＋格助詞」の構造をなす．
　(b)　副詞節は「述語形＋格助詞」の構造をなす．
　(a)　真紀さんは「病弱なので」（「病弱な」＋「の」＋「で」）（理由の副詞句）
　(b)　真紀さんは「病弱だから」（「病弱だ」＋「から」）（原因の副詞節）
　(c)　野口英世は医学を研究するためにアメリカへ渡った．
　　「医学を研究する（形容詞句）」＋「ため」（形式名詞）＋「に」（目的の副詞句）
　(d)　野口英世は医学の研究にアメリカへ渡った．
　　「医学の（形容詞句）」＋「研究（名詞）」「に」（目的の副詞句）
　4）副詞句節の種類
　(a)　**場所系列の副詞句節**
　a1）春子は銀行ニ勤めている．春子は銀行デ働いている．（位置格）
　a2）春子は銀行カラ帰ってきた．春子は銀行へ出かけた．（起点格，着点格）

(b) **時間系列の副詞句節**

時間系列は場所系列に対応している．

b1) 駅から出るト雨が降りだした．(「ト」は接続助詞で同時を意味する)

b2) 駅から出るトキ（ニ）雨が降りだした．(「出た」でもよい)

b3) 駅から出るマエ（ニ）雨が降りだした．

b4) 駅から出たアト（デ）雨が降りだした．(「出た」となる)

b5) 家を出てカラ駅に着くマデ雨が降っていた．(「出て」は副詞形)

b6) 電車に乗っているアイダ雨が降っていた．(経過時間)(「乗っている」は継続相)

b7) 駅から出たトコロ（デ）雨が降りだした．(「トコロ」は形式名詞)

(c) **条件の副詞句節**

c1) 君が知っていたナラ，教えてくれればいいのに．(条件形「知っていたら」)

また，「行くノなら」「行かないノなら」「知っていたノなら」と仮定の「ナラ」の前に「ノ」を挿入することができる．

c2) 問い合わせたトコロが，不明という返事でした．

この場合の「トコロが」は条件を意味している．

(d) **原因，理由の副詞句節**

d1) 父は元気ナので，グランドゴルフをやっている．

d2) 父は元気ダから，グランドゴルフをやっている．

「元気ナ（形容詞形）＋「の」（形式名詞）＋格助詞「で」」（理由の副詞句）

「元気ダ（述語形）＋格助詞「から」」（原因の副詞節）

「元気ニ」，「元気デ」も副詞句で，「グランドゴルフをやっている」となる．

d3) 姉の方は年が上ダケに分別がある．

d4) 姉の方は年ダケのことはある．

「ダケ」は程度を表わす形式名詞と見なすことができる．従って，「ダケに」は「それ相応に」の意味をもち理由を表わす．

d5) いやだと言ったバカリにひどい目にあった．

「バカリ」は限定の副助詞であるが，名詞化して副詞句「バカリに」は「ので」と同じ理由の意味をもつ．

d6) みなさまのオカゲで当選できました．

副詞句の「オカゲで」「セイで」についても同じことが言える．

(e) 譲歩の副詞句

e1) 急いだノニ，間に会わなかった．

e2) 正雄は春子が好きナのに，秋子と結婚した．

「好きナ（形容詞形）＋「の」（形式名詞）＋格助詞「に」」（譲歩の副詞句）

e3) 今から急いデモ，間に合わないだろう．

e4) どんなに辛くテモ，我慢しなさい．

動詞の副詞形「急いで」と形容詞の副詞形「辛くて」に副助詞「も」が付加されて，譲歩の副詞句「急いデモ」，「辛くテモ」となる．

e5) どんなに努力したトコロで無駄だ．

「努力した（形容詞形）＋トコロ（形式名詞）＋格助詞「で」」は譲歩の副詞句となる．

(f) 目的の副詞句

f1) 義雄は学校におくれないヨーに走った．

「おくれない（形容詞形）＋ヨー（形式名詞）＋格助詞「に」」は目的の副詞句．

f2) 正子は大学へ進学するタメに夜遅くまで勉強した．

「進学する（形容詞形）＋タメ（形式名詞）＋格助詞「に」」も目的の副詞句を表わす．

(g) 様態の副詞句

g1) 先生が教えたヨーに色紙を折りなさい．

g2) 先生が教えたトーリに色紙を折りなさい．

いずれも「教えた（形容詞形）＋ヨー，トーリ（形式名詞）＋格助詞「に」」で様態の副詞句となる．ただし，「トーリに」の「に」は省略可能である．

(h) 程度の副詞句

h1) 春子はコップにあふれるグライビールを注いだ．

h2）2人はみながうらやむホド仲がいい．
　「グライ」「ホド」は分量の名詞でこれに格助詞「に」が付いて程度の副詞となる．助詞の「に」は省略可能である．
(4) 接続詞
1) 接続詞の機能
　接続詞は文頭において先行する文との間のつながりを示す役割を果たす．
「しかし」は逆の関係にある前後の文を結びつける．頭はいい．シカシ体が弱い．
「なぜなら」前の文の理由を述べる．二人は離婚した．ナゼナラ互いに育ちが違ったから．
「なぜなら」は「というのは」と置き換えてもよい．
「すなわち」前に述べた語句を言い換えるとき．
相互扶助，スナワチ互いに助け合うことが大切です．
「なお」「さらに」文を付け加える場合．なお，一言御礼申しあげます．
「あるいは」「または」類似した事項の例示：山へあるいは海へ行く．
「ところが」「ところで」これらの接続詞は前文末にくるか，分離して後の文の先頭へ移すこともできる．
　　山田さんに電話を掛けたところが，留守だった．
　　山田さんに電話を掛けた．ところが留守だった．
　指示詞「それ」を含む接続詞：「それで（は）」，「それに」，「それにしても」，「それから」，「そこで」，「そのため」．朝8時に出かけている．それにしても（は）帰りが遅い．
「そして」順当な結果としての意：日がのぼった．そして鳥がさえずりだした．
前の文を受ける，「それで」，「それでは」，「それでも」．
　それで，これからどうなりますか．それでは，私が困ります．
　それでも，なんとかなりませんか．
「そうすれば」は結果を意味する．あの窓口で聞いてごらんなさい．そうすれば，教えてくれますよ．

「だから」は「それだから」の略．冬山は危険だ．だから，気をつけないといけない．

「したがって」は予想される結果を意味する．

朝から雨が降っている．したがって，遠足は中止する．

「つまり」は要約すればの意．つまり，それが君の言い分か．

2）接続詞と接続助詞の用法

(a)　前の文が終結してから用いられる場合．

a1）日は沈んだ．シカシ辺りはまだ明るい．

a2）夫が会社に出かけた．ソコデ妻が掃除を始めた．

a3）冬山は危険だ．ダカラ注意しなければいけない．

(b)　前の文に接続しているのに，接続詞を用いる場合．

b1）日は沈んだガ，シカシ辺りはまだ明るい．（「ガ」は接続助詞）

b2）夫が会社に出かけ，ソコデ妻が掃除を始めた．（「出かけ」は中止形）

b3）冬山は危険だカラ，ソレデ注意しなければいけない．（カラは原因の格助詞）

(c)　語と語，句と句を結びつける接続詞

c1）横浜オヨビ神戸は港のある都市だ．

c2）正雄はまじめで，ソノウエねばり強い．

c3）このことは自宅に伝え，ナオ会社にも伝えておきました．

3）接続詞の意味分類

(d1) 並列累加：および，ならびに，また，なお，それに，それが，など．

(d2) 選択：もしくは，または，あるいは，それとも，など．

(d3) 順当な結果：したがって，だから，それで，すると，など．

(d4) 反対の結果：しかし，しかしながら，ところが，けれど，だが，ただし，もっとも，など．

以上接続詞をもって形態論を終える．

第4章　日本語の統語

　統語論は，文の構造を分析する部門である．文の中核をなすのは述語であって，述語が文を構成するのに必要な名詞を要求する．日本語には，述語として，動詞述語，形容詞述語，名容詞述語，名詞述語の4種の述語が用いられている．

1．結合

　述語とこれが支配する名詞との間には「結合」という機能が働いている．次に示された［1］「赤ちゃんが笑った」という文では，動詞述語「笑った」と名詞項「赤ちゃんが」との間に両方を結びつける「結合」という要素が働いていると考えられる．すなわち，上位項の「笑った」と下位項の「赤ちゃんが」は結合線によって結ばれているのである．
　　［1］　(1)　笑った（動詞述語）
　　　　　(3)　｜
　　　　　(2)　赤ちゃんが（名詞項）
ここでは，動詞述語「笑った」が主語の「赤ちゃんが」を「支配する」，また，下位項の「赤ちゃんが」は上位項の「笑った」に「従属する」と呼ばれている．

　要するに，(1)「笑った」と(2)「赤ちゃんが」という語だけでは，文は形成されない．両方の語を関係づける(3)結合という作用が働いてこそ，「赤ちゃんが笑った」という文が形成されるのである．

　次に［2］「猫がねずみを追いかけた」という文では，「追いかけた」という動詞述語は追いかける「猫が」と追いかけられる「ねずみを」という2つの名詞項を必要とするのである．

[２]　追いかけた
　　　　　／＼
　　　猫が　　ねずみを

　そこで，２つの名詞項と述語を結合線で結ぶと上のような文の構造が取り出される．ここで，２つの従属項を支配する動詞述語「追いかけた」は「結節」と呼ばれている．さらに，[３]「青い空」という句であるが，支配項の名詞「空」が形容詞の「青い」を支配している．そこで，[４]「小さな猫が大きなねずみを追いかけた」と言う文の構造は次のように組み立てられる．

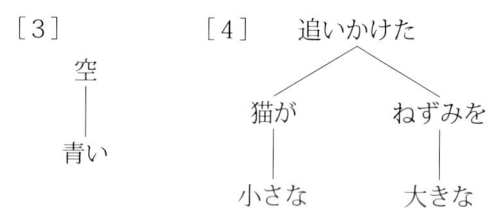

　　　[３]　　　　　[４]　追いかけた
　　　空　　　　　　　　／＼
　　　｜　　　　　　猫が　　ねずみを
　　　青い　　　　　｜　　　　｜
　　　　　　　　　小さな　　大きな

　上の図において，最上位にある「追いかけた」を「中心結節」と称し，こうした結節と結節線の総体は[４]のような「図系」によって表示される．

　[５]　美也子は久雄に小包を送った．

　　上の例文では，「送る」という動詞は，送り主の「美也子」と送られるものの「小包」と送る相手の「久雄」を必要とする．この文の図系は次のように表示される．

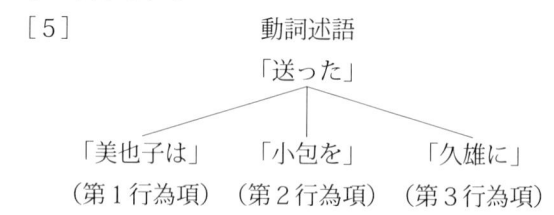

　　　[５]　　　　　　　動詞述語
　　　　　　　　　　　　「送った」
　　　　　　　　　　／　　｜　　＼
　　　　　　「美也子は」「小包を」「久雄に」
　　　　　　（第１行為項）（第２行為項）（第３行為項）

　述語が必要とする名詞項は「行為項」と呼ばれている．そこで述語に支配される主語の名詞項「美也子は」は「第１行為項」，目的語の名詞項「小包を」は「第２行為項」，与格の名詞項「久雄に」は「第３行為項」と呼ばれる．

2．行為項と状況項

　このように，述語が必要とする名詞項が行為項であるが，文の中には述語が必ずしも必要としない名詞項も含まれている．これは「状況項」と名づけられている．
　［6］正雄は美和子に喫茶店で会った．
　「会う」という述語は，会う人の久雄とその相手の美和子を必要とするから，これらは行為項に相当する．だが，会った場所を表わす「喫茶店で」は，文を形成するのに必要不可欠な要素とはされない．これは述語を修飾する副詞句で状況項にすぎない．

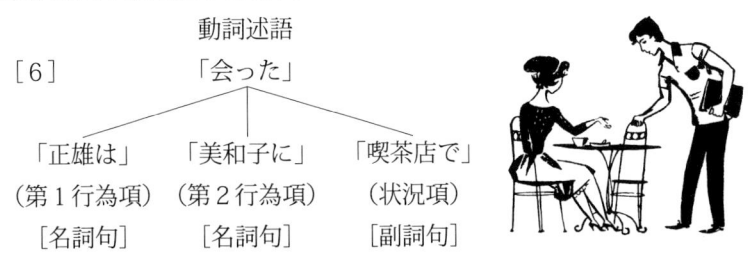

```
                    動詞述語
　［6］              「会った」

　「正雄は」      「美和子に」      「喫茶店で」
　(第1行為項)    (第2行為項)      (状況項)
　［名詞句］      ［名詞句］        ［副詞句］
```

　形態的に見ると，行為項と状況項は次のような構成をなしている．
　　（第1行為項）　正雄は（名詞＋格助詞ハ）［名詞句］
　　（第2行為項）　美和子に（名詞＋格助詞ニ）［名詞句］
　　（状況項）　　　喫茶店で（名詞＋格助詞デ）［副詞句］
　この場合，行為項も状況項も共に「名詞＋格助詞」という句の構成をなしているが，行為項は原則として「名詞」であるから，「正雄は」と「美和子に」を「名詞句」とし，場所の「喫茶店で」は「副詞句」と見なした．
　だが，場所を表わす副詞句が常に状況項というわけにはいかない．
　［7］美和子は神戸で生まれて，京都で育った．
　［8］夏子は飛行機で鹿児島へ行った．
　上の文［7］では，「美和子は生まれた」「美和子は育った」という文は完結していない．つまり情報が不足している．要するに「神戸で」「京都で」という生まれた場所や育った場所が伝達の必要要素である．同じことが，［8］の文についても言える．「行く」という動詞は着点の提示が必要とな

る．ただし，乗り物の「飛行機で」は単なる副詞句の状況項である．

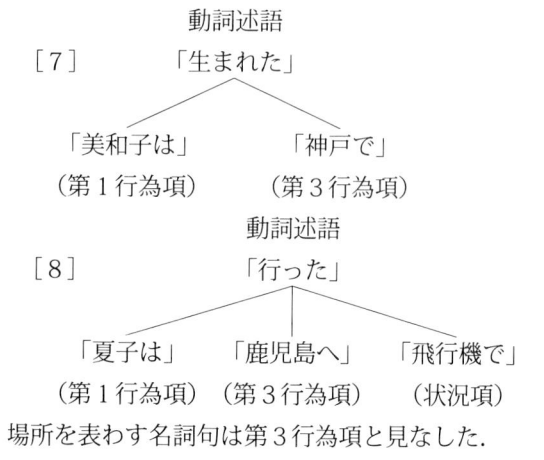

```
                    動詞述語
    ［7］           「生まれた」
            ┌─────────┴─────────┐
        「美和子は」           「神戸で」
        （第1行為項）         （第3行為項）
```

```
                    動詞述語
    ［8］           「行った」
            ┌─────────┬─────────┐
        「夏子は」   「鹿児島へ」  「飛行機で」
        （第1行為項）（第3行為項） （状況項）
```

場所を表わす名詞句は第3行為項と見なした．

3．述語と行為項の数

各種の述語は，それが支配する行為項の数によって次のように分類できる．

(1) 無項述語：冬の日に外へ出て思わず「寒い！」と言ったとき，主語に相当する語が見当たらない．この場合，述語の支配する項がないので，無項となる．

(2) 1項述語：「赤ちゃんが笑った」では，「赤ちゃんが」が行為項．そこで，動詞「笑う」は1項述語となる．

(3) 2項述語：「猫がねずみを追いかけた」では，「猫が」と「ねずみを」が行為項．

「美和子は神戸で生まれた」でも，「美和子は」も「神戸で」も文が成立するために必要な行為項である．さらに，「夏子は鹿児島へ飛行機で行った」でも，「飛行機で」は状況項であるが，「夏子は」と「鹿児島へ」は行為項である．そこで，「追いかける」，「生まれる」「行く」は2項動詞となる．

(4) 3項述語：「美也子は小包を久雄に送った」という文では，「美也子

は」,「小包を」,「久雄に」が行為項であるから,動詞「送る」は3項述語となる.(76頁[5]の図系参照)なお,
　「ウェイトレスはコーヒーをテーブルの上においた」という文において,「ウェイトレスは」と「コーヒーを」は行為項と見なされるが,「テーブルの上に」という場所の副詞句もこれを欠くと完結した文にはならない.従って,「テーブルの上に」も文の成立に必要な行為項となる.よって,「おく」という動詞は3項述語に数えられる.(84頁(1)の図系参照)
　述語は動詞述語が中心であるが,日本語には,他に形容詞述語,名容詞述語と名詞述語がある.

4．形容詞述語

　(a)「青い空」では,形容詞の「青い」が名詞の「空」を修飾しているが,
　(b)「空は青い」では,形容詞の「青い」が述語で,名詞の「空は」を行為項として支配している.

(a)　青い空.　　　　(a)　空（名詞）　　　　(b)　青い（形容詞述語）
　　　　　　　　　　　　　　｜　　　　　　　　　　　　　　｜
(b)　空は青い.　　　　　　青い（形容詞）　　　　　　　空は（行為項）

形容詞述語にも,無項から3項までの種類がある.
　無項述語：寒い！
　1項述語：(1)「空は青い」
　2項述語：(2)「私は頭が痛い」（「痛い」という述語は,痛む場所の「頭が」と痛みを感じる主体の「私は」を支配している.ここから名詞｜助詞のように表記する.
　　他に,(3)「おばあさんは孫に甘い」や(4)「犬は猫より賢い」のような比較文がある.

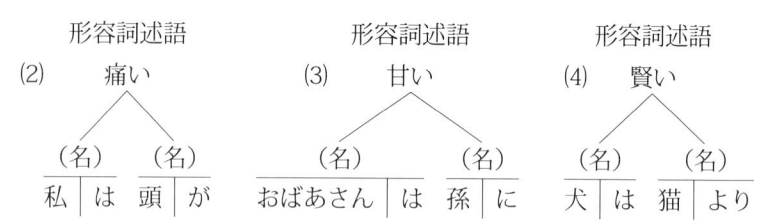

```
            形容詞述語           形容詞述語           形容詞述語
 (2)         痛い        (3)     甘い        (4)     賢い
      （名） （名）        （名）    （名）        （名） （名）
      私 は 頭 が      おばあさん は 孫 に        犬 は 猫 より
```

３項述語：(5)「兎は亀より足が速い」

```
            形容詞述語
 (5)         速い
      （名）  （名）  （名）
      兎 は  亀 より  足 が
    （行為項１）（行為項２）（行為項３）
```

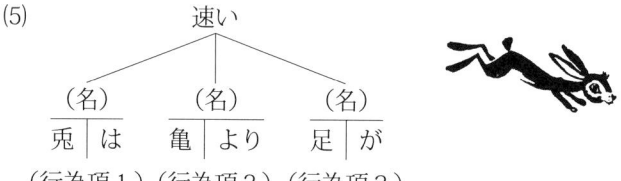

(5) の文であるが，「足が」を省くと比較の分野が不明になるので，これは必要事項で行為項となる．次の文についても同じことが言える．

(6) 春子は久雄より計算が速い．

ここでも，「計算が」を省くと速さの種類が分からなくなる．

５．名容詞述語

名容詞は準動詞を必要とするので，形容詞とはすこし違いがあるが，構造はよく似ている．

１項述語：(1) 父は元気です．
２項述語：(2) 秋子は音楽が好きだ．
　　　　　(3) 犬は臭いに敏感だ．
　　　　　(4) 牛は馬より鈍重だ．
３項述語：(5) 春子は夏子より歌が上手だ．

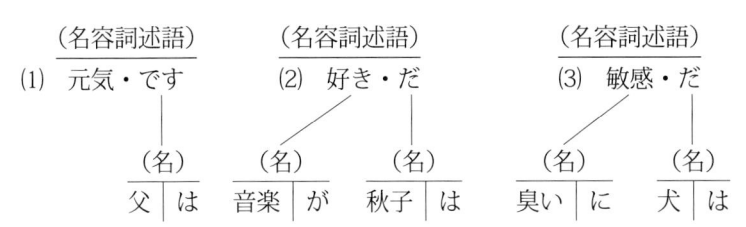

第4章　日本語の統語

```
       (名容詞述語)        (名容詞述語)              (名容詞述語)
(1)　元気・です　　(2)　好き・だ　　　　(3)　敏感・だ
       │             │       │              │       │
      (名)          (名)    (名)           (名)     (名)
      父 は        音楽 が  秋子 は        臭い に   犬 は
```

　名容詞に付加されている「デス」「ダ」は準動詞である．準動詞はその前の名容詞を述語化している．英語では，Akiko is fond of music. となり，is fond「好きだ」における動詞の is が次の形容詞 fond「好き」を述語化し「好きだ」としている．この場合，動詞 is の主語は Akiko である．日本語でも，準動詞「ダ」の主語は主題格の「秋子は」であるから，これと準動詞とを結合線で結ぶことにした．

　なお，英語の図系は次のようになる．

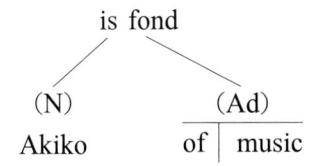

```
     (Adjective Predicate)
          is fond
         ／      ＼
      (N)        (Ad)
     Akiko      of │ music
```

　述語化動詞　is「だ」は主語の Akiko を支配し，形容詞の fond「好き」は副詞句の of music「音楽を」を支配している．同じような関係が日本語例にもあてはまる．「音楽が」は「好き」の対象を表わしているから両者が結合線で結ばれる．

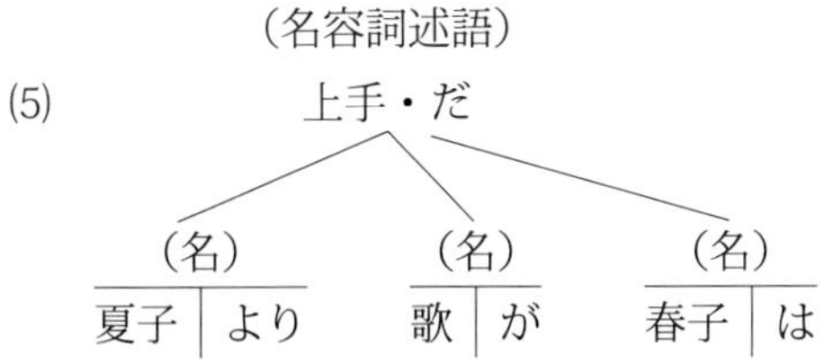

```
            (名容詞述語)
(5)          上手・だ
         ／    │    ＼
       (名)  (名)   (名)
       夏子 より 歌 が 春子 は
```

　準動詞「だ」が主語の「春子は」を支配し，「夏子より」と「歌が」は「上手」に従属する．

6．名詞述語

(1) 恵美子はすなおな学生だ（です）．（165頁コラム8繋辞参照）

上の例の「学生だ（です）」においても，名詞の「学生」は準動詞「だ（です）」が付加されて述語化している．この「だ（です）」は，「恵美子＝（イコール）すなおな学生」のように2つの名詞を繋いでいるのではない．「学生という状態にある」と述語化しているのである．そして，「すなおな」は名容詞として名詞の「学生」を修飾していることになる．

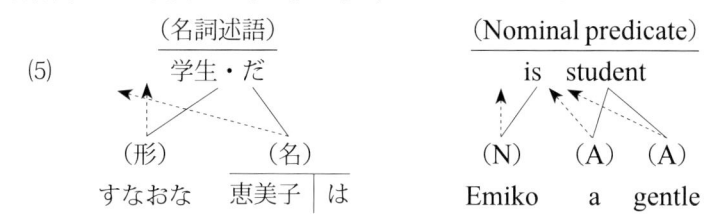

```
                （名詞述語）           (Nominal predicate)
(5)              学生・だ                  is   student
                  ↗  ↖                      ↗    ↖
               (形)   (名)              (N)   (A)   (A)
              すなおな 恵美子 は         Emiko  a   gentle
```

名容詞の場合と同じように，「恵美子は」は準動詞に支配され，「すなおな」は名詞の「学生」に従属している．英文でもEmikoは動詞のisに支配され，冠詞のaと形容詞のgentleは名詞のstudentに従属している．

7．図系と話線

「話線」とは，われわれがある文を口から発するときの語の配列を指す．図系をそのまま話線にするわけにはいかない．

(1) Jack hit Tom.「ジャックはトムをなぐった」

```
     …… hit ……                …… なぐった ……
      ↗    ↖                     ↗      ↖
    (N)    (N)                 (名)     (名)
    Jack   Tom               ジャック は  トム を
```

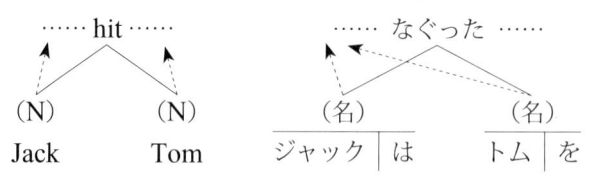

図系を話線にするためには，'……hit……'，または「……なぐった……」のように…で示された水平の高さに語を配列しなければならない．だが，図系の中の位置から語を述語と同じ高さに持ち上げるにあたり，言語によって配列の順序が異なる．英語では，主語のJackは動詞hitの前

に，目的語のTomはその後にくる．日本語では，主題格の「ジャックは」の次に対格の「トムを」がつづき，共に述語動詞の「なぐった」の前に立つ．

以上，点線矢印……▶で示したように，図系を話線に配列する方式は言語によって定まっている．

8．転用

「転用」とは，語句や節の品詞を変化させる方法のことで，品詞としては，**動詞，名詞，形容詞，副詞**の4種類が認められている．

(1) 名詞化

1）名詞から形容詞へ

「一郎のバット」では，名詞の「一郎」に属格の格助詞「の」が付くと，「一郎の」は形容詞句となる．これが「バット」を修飾して「一郎のバット」となると，これは名詞句となる．すなわち，「一郎（名詞）」＞「一郎の（形容詞句）」＞「一郎のバット（名詞句）」のように，品詞が変わっている．ここで，「一郎」という名詞を「一郎の」という形容詞句に変えているのは，属格の助詞「の」の働きによる．日本語の格助詞「の」は名詞を形容詞へと品詞を変える機能をもっている．こうした品詞を変える働きをもつ単位を「転用体」とよんでいる．とにかく，日本語の格助詞は転用体として機能する．そこで，これから，「名詞＋格助詞の」は「一郎｜の」のように，タテ線とヨコ線を使って間を区切って表示することにしよう．（テニエール（2007：79，78）参照）

転用結果		（形）
転用対象	**転用体**	一郎（名）｜の

「一郎」は（名詞）であるが，この転用対象に転用体「の」が付加されると，転用の結果（形容詞）に転用されることを表示している．

さらに，「一郎のバット」では，「一郎の」という（形容詞句）が名詞の「バット」を修飾した結果「一郎のバット」は（名詞句）に変わっている．

```
           (名)
     (形) │バット
 一郎(名)│の
```

こうした方法で次の文の図系を取り出してみよう．

(1) 恵美は花瓶をテーブルの上に置いた．

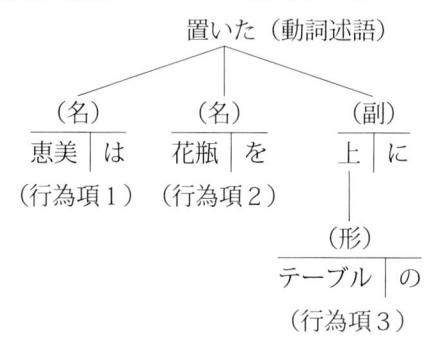

```
            置いた（動詞述語）
    ┌──────────┼──────────┐
   (名)       (名)       (副)
   恵美│は   花瓶│を    上│に
  (行為項1) (行為項2)      │
                          (形)
                       テーブル│の
                        (行為項3)
```

ここでは，「テーブルの」(形)＞「テーブルの上」(名)＞「テーブルの上に」(副)となり，格助詞は転用体として先行する名詞の品詞を変えていく．

属格「の」は名詞を形容詞に，主題格「は」は名詞を名詞(名)とする．だが，位置格「に」は名詞句を副詞句に転用する．そこで，「テーブルの上に」は場所を表わす副詞句となる．しかし，この句は上の文を構成するのに必要な要素であるから「行為項3」と解釈される．

2）独立文を名詞化する方法

日本語では，独立文を名詞化するためには，形式名詞「コト」と「ノ」が用いられる．

　　　［独立文］(述語形)　　　　　　［名詞句］(形容詞形)＋コト
1）象は鼻が<u>長い</u>．　　　　　　象の鼻が<u>長い</u>コト
2）父は毎朝<u>散歩しています</u>．　　父が毎朝<u>散歩している</u>コト
3）社長はあいかわらず<u>元気だよ</u>．　社長があいかわらず<u>元気な</u>コト

左側の独立文を名詞化すると，右のような名詞句ができる．

名詞化するためには，主題格「は」を属格「の」，もしくは主格「が」に変えること，さらに述語形の後に「コト」を付けるようであるが，3）

の名容詞「元気だ」が「元気な」になっている点に注意する必要がある．要するに，「元気だ」は述語形であるが，「元気な」は形容詞形である．「元気だ」は形容詞形の「元気な」となって次の形式名詞「コト」を修飾することができる．そして，「元気なコト」という名詞句が成立するのである．

さらに，述語形の「散歩しています」という丁寧形であるが，形容詞形になると「散歩している」という普通形に改められる．また，3）「元気だよ」の中に含まれている終助詞「よ」も形容詞形になると，付加することができない．

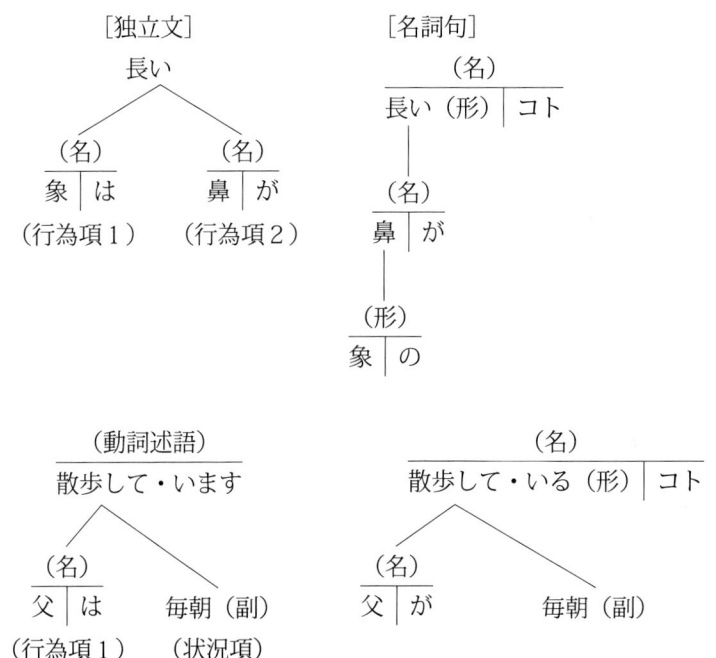

```
        ［独立文］                      ［名詞句］
          長い                            （名）
        ／    ＼                    長い（形）｜コト
      （名）   （名）                      ｜
      象｜は   鼻｜が                    （名）
    （行為項1）（行為項2）              鼻｜が
                                          ｜
                                        （形）
                                        象｜の


       （動詞述語）                       （名）
      散歩して・います              散歩して・いる（形）｜コト
        ／    ＼                        ／    ＼
      （名）                          （名）
      父｜は    毎朝（副）            父｜が    毎朝（副）
    （行為項1）（状況項）
```

「散歩して・います」では「散歩して」が副詞形で，その後に助動詞「います」が付加されている．助動詞については，助動詞の項（34頁）を参照されたい．

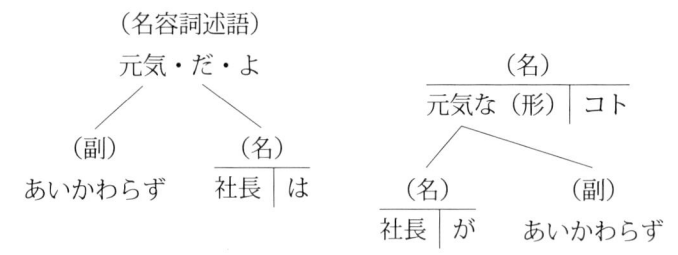

```
                （名容詞述語）
                元気・だ・よ                            （名）
              ／        ＼                    元気な（形）｜コト
           （副）       （名）              ／
        あいかわらず    社長｜は        （名）        （副）
                                        社長｜が   あいかわらず
```

4）家族がみなが元気なのは私にはありがたい．

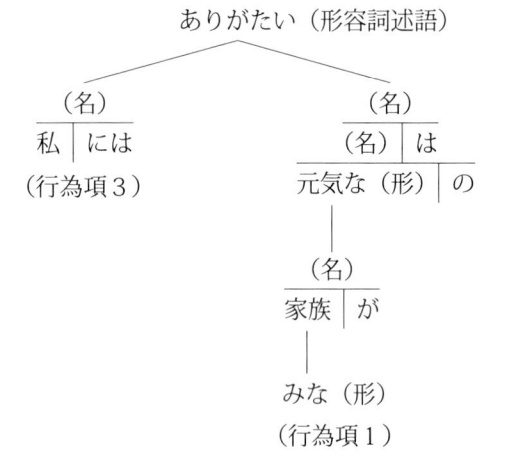

```
              ありがたい（形容詞述語）
             ／              ＼
          （名）              （名）
          私｜には         （名）｜は
        （行為項3）       元気な（形）｜の
                            ｜
                          （名）
                          家族｜が
                            ｜
                          みな（形）
                        （行為項1）
```

3）格助詞「と」に導かれる名詞節

「言う」「話す」のような言明動詞がその内容を伝えるときは，独立文がそのまま格助詞「と」によって導かれる．

「久雄は～ト言った．」という表現では，～の中には独立文を挿入することができる．

a）久雄は「象は鼻が長い」と言った．
b）久雄は「父は毎朝散歩しています」と言った．
c）久雄は「社長はあいかわらず元気ですよ」と言った．

b)

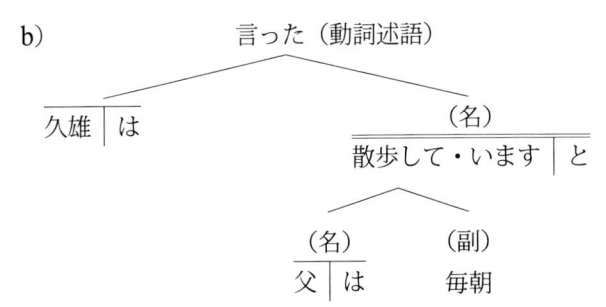

```
              言った（動詞述語）
       ┌──────────┴──────────┐
   久雄│は              （名）
                  ───────────────
                  散歩して・います │と
                       ┌──────┴──────┐
                     （名）        （副）
                      父│は        毎朝
```

　従がって，言明動詞により表わされる内容は「名詞節」である．節は上のように２重線によって表示される．ただし，形式名詞「こと」や「の」によって導かれるものは「名詞句」である．このように「名詞節」と「名詞句」の区別には注意を要する．

　また，「思う」や「考える」のような思考動詞も「と」で導かれる名詞節を用いる．

　d）久雄は社長はあいかわらず元気だト思った．

　上の文でも「元気だ」という述語形が用いられているから名詞節を含んでいる．

4) 形式名詞を修飾する形容詞句

　形式名詞の前に立つ語句は形容詞句を形成する．

　形式名詞は，形式的で一般化した内容をもち，具体的意味をもつ語句に修飾される形で文の部分をなす名詞である．日本語では数多くの形式名詞がおおいに利用されている．

　形式名詞としては，「こと」「の」「もの」「はず」「わけ」「ため」「とき」「ところ」「うち」「あいだ」「つもり」などがある．

　これらの形式名詞の前に名容詞をおくとナ形の形容詞形をとる．「重要なこと」「大切なもの」「健康なわけ」「元気なうち」「元気なあいだ」など．

　また，形式名詞に限らず，普通名詞の前でも名容詞はナ形の形容詞形をとる．「健康な体」「見事な家」，「愉快な話」，「立派な人」など．

　ここで，動詞の形容詞形が普通名詞と形式名詞を修飾している図系を取り出しておこう．

　(a)　あそこでコーヒーを飲んでいる婦人．

(b) 先生に叱られた生徒.

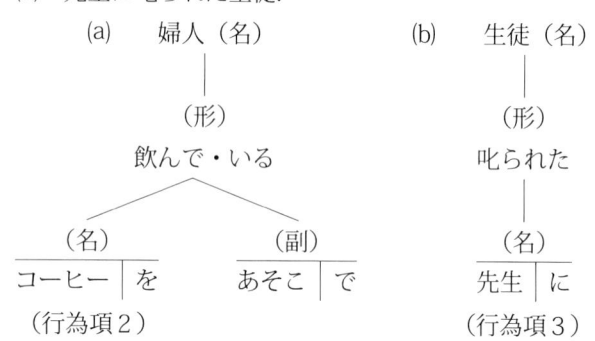

```
    (a)    婦人（名）              (b)    生徒（名）
              │                          │
             （形）                      （形）
          飲んで・いる                    叱られた
           ╱      ╲                      │
        （名）   （副）                 （名）
       コーヒー｜を  あそこ｜で        先生｜に
       （行為項2）                    （行為項3）
```

「飲んで・いる」と「叱られた」はどちらも動詞の形容詞形である．従がって，動詞として「コーヒーを」のような目的語や「先生に」のように受動態の行為者名詞をとることができる．形容詞化した動詞であるから「飲んでいる」は能動分詞，「叱られた」は受動分詞と見なすべきである．

(c) 素子は日がくれないウチに家に帰った．
(d) 電話をしたトコロが，秋子は留守だった．
(e) 恵美さんは病気のハズだ．恵美さんは病気のハズがない．

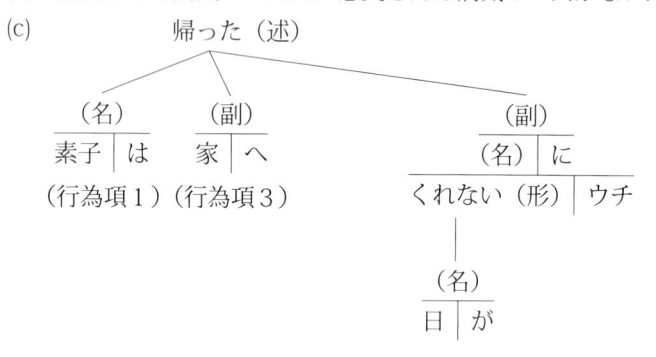

```
    (c)           帰った（述）
         ╱─────────┬─────────╲
      （名）    （副）        （副）
      素子｜は  家｜へ      （名）｜に
     （行為項1）（行為項3）  くれない（形）｜ウチ
                                │
                              （名）
                              日｜が
```

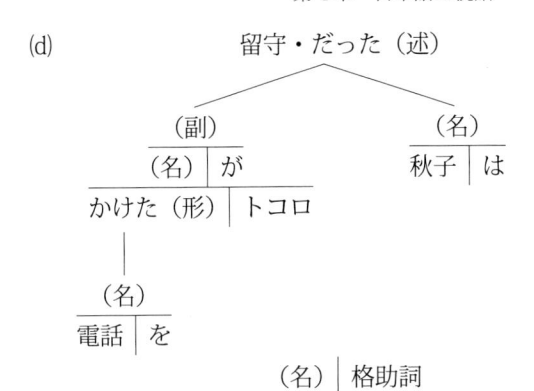

(d) 留守・だった（述）
├─（副）
│　├─（名）｜が
│　│　かけた（形）｜トコロ
│　│　│
│　│　（名）
│　│　電話｜を
└─（名）
　　秋子｜は

　　　　　　　　　　（名）｜格助詞
本書では，形容詞形（形）｜形式名詞のように，形容詞形と形式名詞を縦線で区切り，これが名詞化したことを（名）という記号でその上部に記した．さらに（名）の次に縦線で区切り，格助詞がつづくことを示しておいた．このように，図示することにより，形式名詞の働きがよく把握できると考えた．

(c)の「家へ」は副詞であるが，「帰る」の着点格を示すので，「行為項3」とした．(d)では，形式名詞「トコロ」を形容詞形「かけた」が修飾し名詞化している．

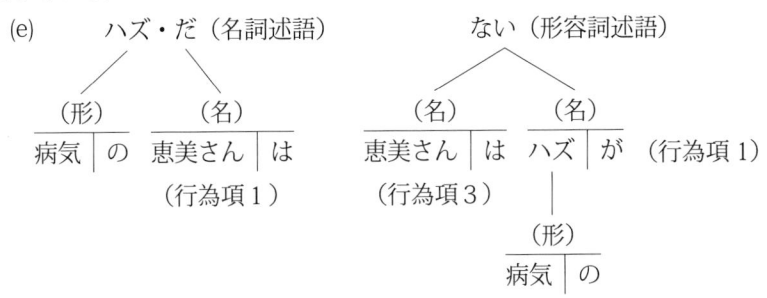

(e)　ハズ・だ（名詞述語）　　　ない（形容詞述語）
　　├─（形）　　├─（名）　　　　├─（名）　　　├─（名）
　　│ 病気｜の　│ 恵美さん｜は　│ 恵美さん｜は　│ ハズ｜が　（行為項1）
　　　　　　　　　（行為項1）　　（行為項3）　　　│
　　　　　　　　　　　　　　　　　　　　　　　　　（形）
　　　　　　　　　　　　　　　　　　　　　　　　　病気｜の

「ハズだ」は名詞の述語形で「当然だ」を意味する．準動詞「だ」は「恵美さんは」を支配し，形容詞形「病気の」は「ハズ」を修飾する．「ない」は形容詞である．ここでは「〜は〜がない」という文型で，「所有者の所に所有物がない」を意味している．

5）副詞への転用
形式名詞に接合される格語尾によって，名詞句にも形容詞句にも，副詞

句にもなる．

(a) 努力したコトが成功の原因だ．「努力したコト」に主格の助詞「ガ」が付いて，名詞化している．

(b) 努力したコトの結果が現われた．「努力したコト」に属格の助詞ノが付いて，形容詞化している．

(c) 努力したコトを認められた．「努力したコト」に対格の助詞「ヲ」が付いて，名詞化している．

(d) 私は良男が努力したコトに感心した．「良男が努力したコト」に位置格の助詞ニが付いて名詞化している．これは「私は〜に感心した」という文型に納められている．

(e) 良男は努力したことデほめられた．「努力したコト」に具格のデが付いて副詞化されている．

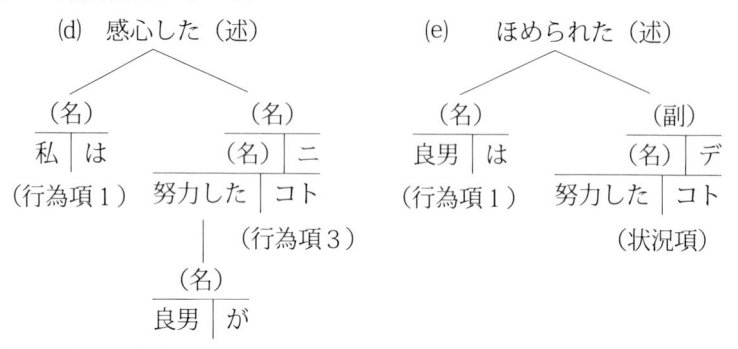

```
         (d)  感心した（述）              (e)   ほめられた（述）
              ／＼                              ／＼
           (名)   (名)                        (名)   (副)
           私│は  (名)│ニ                    良男│は (名)│デ
          (行為項1) 努力した│コト            (行為項1) 努力した│コト
                   │(行為項3)                          (状況項)
                  (名)
                  良男│が
```

(f) 良男は努力したコトから道が開けた．「努力したコトから」も起点格が付いて副詞化されている．

また，形式名詞「ノ」についても，「コト」と同じように，その後にくる格助詞により品詞が変化する．

(g)＊ 努力したノの結果が現われた．とは言えない．

(h) 努力したノをみなに認められた．

(i) 恵美さんは病気なノで学校を休んだ．（理由）

(j) 恵美さんは病気なノに学校を休まなかった．（譲歩）

(k) 恵美さんは病気だカラ学校を休んだ．（原因）

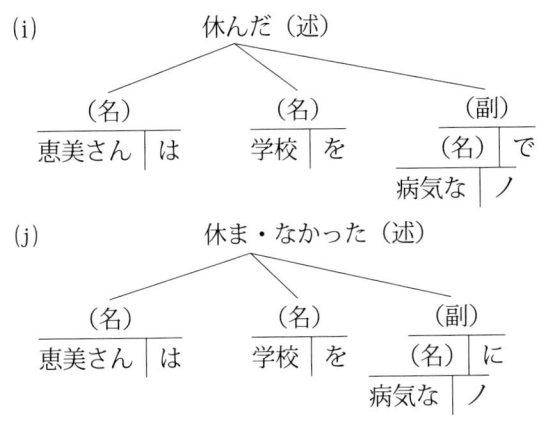

(i)
```
         休んだ（述）
    ┌───────┼───────┐
   (名)    (名)    (副)
  恵美さん|は  学校|を  (名)|で
                    病気な|ノ
```

(j)
```
         休ま・なかった（述）
    ┌───────┼───────┐
   (名)    (名)    (副)
  恵美さん|は  学校|を  (名)|に
                    病気な|ノ
```

　(i)も(j)も形容詞形「病気な」が後続する形式名詞「ノ」を修飾して名詞化している．

　(i)では，名詞化されたものに格助詞「で」が付いて理由の副詞句となっているが，(j)では，名詞化されたものに格助詞「に」が付いて譲歩の副詞句となっている．ただし，病気の形容詞形は「病気の」となるはずだが，形式名詞「ノ」の前では「病気な」となる．

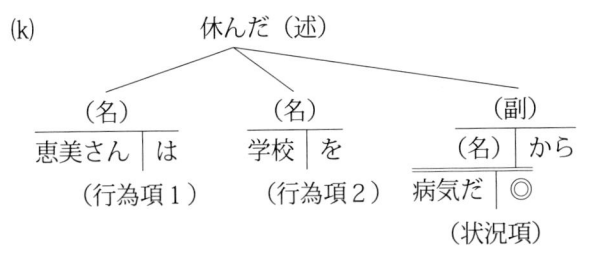

(k)
```
         休んだ（述）
    ┌───────┼───────┐
   (名)    (名)    (副)
  恵美さん|は  学校|を  (名)|から
 （行為項1）（行為項2） 病気だ|◎
                    （状況項）
```

　(k)の図系では，述語形の「病気だ」が用いられている点に注目する必要がある．述語形は文の終結を意味している．そこで，終結した文が名詞化されると考え，ここに文を名詞化する転用体 ◎ を設定した．このゼロ転用体により名詞化されたものに格助詞「から」が付加され，原因の副詞節が形成されると考えられる．節の転用であるから，2重線で表示される．

(2) **助動詞**

　助動詞は動詞を補助する動詞で，動詞の副詞形「書いて，読んで」の後に置かれている．（164頁コラム7国文法の助動詞参照）

助動詞には，1）相的助動詞（動詞の相を表わすもの），2）直示的助動詞（直示動詞「いく，くる」と結びつき，ある行為と話し手との関係を示すもの），例：「足音が近づいてきた」（話し手に接近する）．「人影が遠のいていった」（話し手から離れていく）．さらに，恩恵行為を示す3）恩恵的助動詞の3種がある．

1）相的助動詞

1a）時計が動いて・いる．（行為の継続）

1b）時計が止まって・いる．（結果の状態）

1c）時計がとまって・しまった．（行為の完了）

1d）窓が開けて・ある．（措置による状態）

1e）窓を開けて・おく．（準備としての行為）

1f）窓を開けて・みる．（試行としての行為）

これら助動詞は動詞の副詞形の後につづく．

（述）

動いて｜いる

時計が（行為項1）

（述）

開けて｜おく

窓を（行為項2）

以上のような「動詞の副詞形＋相的助動詞」の構造を「分離核」と呼ぶ．述語動詞は文の「核」を形成しているが，このように動詞の具体的要素（動詞の副詞形）と形式的要素（相の助動詞）に分離できるので，「分離核」と呼ばれ，複合した核を作っている．

2）直示的助動詞

2a）ボールが転がっていった．（ボールが話し手から離れていく）

2b）ボールが転がってきた．（ボールが話し手に接近する）

「ボールが転がっていた」は停止状態のボールを指す．

3）恩恵的助動詞

恩恵的助動詞は，授受動詞の補助的用法として用いられ，動詞の副詞形の後につづく．

3種の授受動詞がある．次の括弧内は丁寧形を示す．

3a）やる（あげる，さしあげる）：話し手側から他者への恩恵的行為．

3b）くれる（くださる）：他者から話し手側への恩恵的行為．

3c）もらう（いただく）：話し手側が他者から受ける恩恵的行為．

いまここで，授受行為と恩恵的行為を比較してみよう．

（授受行為）

3a）私は恵美さんに写真をやった．
3b）恵美さんは私に写真をくれた．
3c）私は恵美さんに写真をもらった．
（恩恵的行為）
私は恵美さんに写真を撮ってやった．
恵美さんは私に写真を撮ってくれた．
私は恵美さんに写真を撮ってもらった．

　上の授受行為は写真という事物の授受行為であるが，下の（恩恵行為）では「写真を撮る」という行為に伴う恩恵の方向を示している．
4a）私が恵美さんに写真を与える行為．
　　私の恵美さんに対する「写真を撮る」恩恵的行為．
4b）恵美さんが私に写真を与える行為．
　　恵美さんの私に対する「写真を撮る」恩恵的行為．
4c）私が恵美さんから写真を受ける行為．
　　恵美さんから私が受ける「写真を撮る」恩恵的行為．
　そこで，授受される「写真」の代わりに「写真を撮る」行為を代入すれば，恩恵行為の方向が図系化できると考えられる．

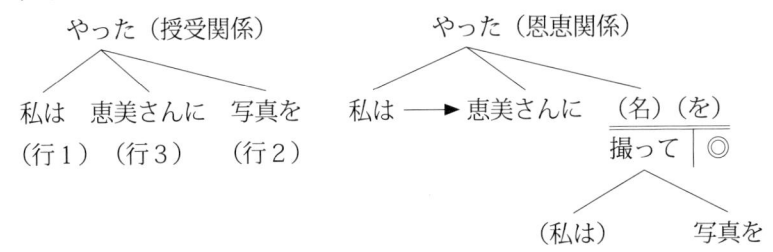

```
     やった（授受関係）              やった（恩恵関係）

 私は   恵美さんに  写真を       私は ──→ 恵美さんに   （名）（を）
 (行1)  (行3)     (行2)                              ─────────
                                              撮って │ ◎
                                                    │
                                             （私は）   写真を
```

　授受関係の「写真」の代わりに，恩恵関係の副詞句「写真を撮って」を代入し，これがゼロ転用体　◎　により名詞化されたと解釈すれば，恩恵関係の図系を引き出すことができる．そこで，恩恵関係を → で示せばよい．なお，上の右の図における（を）は対格の「を」が省略されていることを暗示している；

5a）お母さんは私にブラウスを買ってくれた．
5b）ルミちゃんはお母さんに人形を買ってもらった．

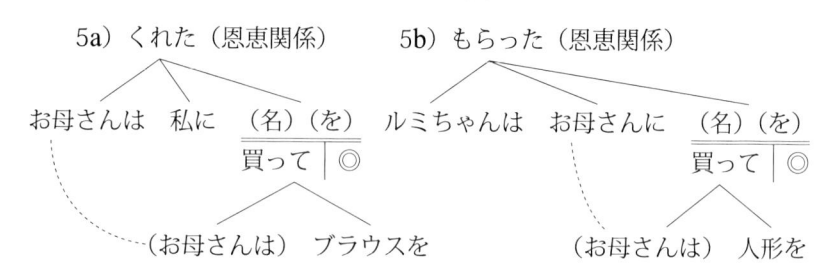

5a）くれた（恩恵関係）　　5b）もらった（恩恵関係）

```
お母さんは　私に　（名）（を）　　ルミちゃんは　お母さんは　（名）（を）
                買って ◎                              買って ◎
         (お母さんは)  ブラウスを        (お母さんは)  人形を
```

　省略された（お母さん）と文中の「お母さん」を点線による照応線で結んでおいた．

　こうした恩恵的関係を示す授受動詞は互いに組み合わせることができる．

5c）恵美さんの話を聞いてやってください．

　上の例文では，「やる」と「くれる」が複合している．

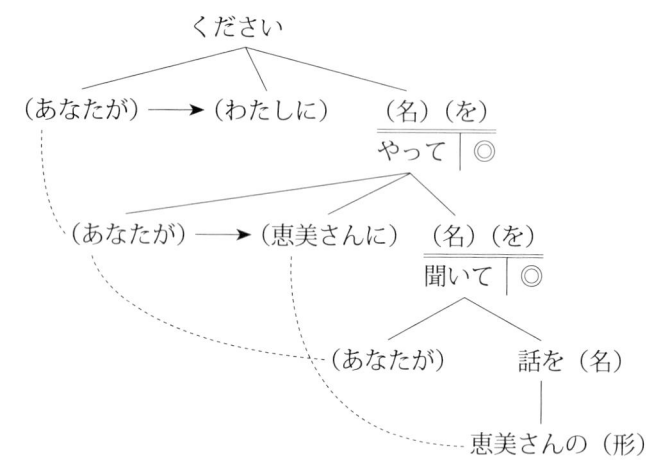

```
                       ください
       (あなたが) ──→ (わたしに)　（名）（を）
                                   やって ◎

       (あなたが) ──→ (恵美さんに) （名）（を）
                                    聞いて ◎

                         (あなたが)　話を（名）
                                         │
                                    恵美さんの（形）
```

　授受動詞「くれる」の領域内に授受動詞「やる」が含まれている．
　また，使役表現が恩恵的助動詞と組み合わされることもよくある．
6）課長，その仕事をわたしにやらせてください．

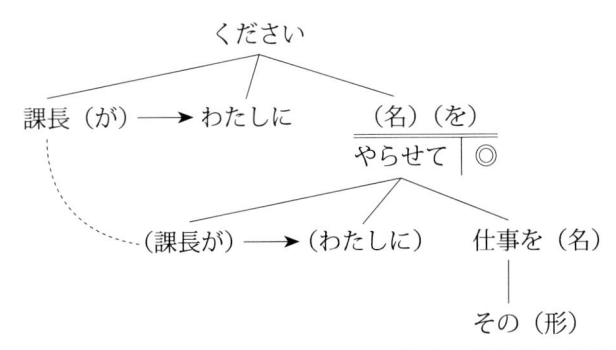

```
              ください
        ／        ｜       ＼
    課長（が）─→わたしに　（名）（を）
                          ───────
                          やらせて │ ◎
                          ／   ｜   ＼
              (課長が)─→(わたしに)　仕事を（名）
                                      │
                                      その（形）
```

上の矢印は恩恵の方向を指すが，下の矢印は使役態の矢印である．

(3) 法表現の図系

すでに 39 頁で，動詞の法表現には，(a)認識的法表現と(b)義務的法表現，および(c)その他の法表現があることを述べておいた．(a)は伝達内容の事実性に，(b)は実現の必要性に関するもので，(c)は推量と伝聞に関する法表現である．

1）認識的法表現：事実性の度合いが大・中・小で表現される．

（事実性大）a）恵美さんは病気にちがいない．
（事実性中）b）恵美さんは病気かもしれない．
（事実性小）c）恵美さんは病気のはずがない．

a）の「ちがいない」は「相違ない」とも「間違いない」とも言えるが，「ちがいがない」とは異なる．「仕方ない」と同じように，「名詞＋形容詞ない」という構成をなす形容詞述語である．「ちがいない」は「確かだ」を意味する．

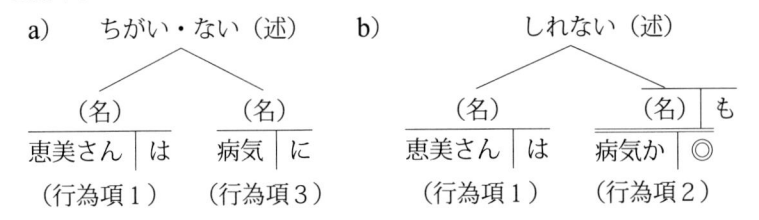

```
a）    ちがい・ない（述）         b）       しれない（述）
       ／          ＼                    ／           ＼
    （名）        （名）             （名）         （名）│も
   ─────       ─────           ─────       ─────
   恵美さん│は  病気 │に           恵美さん│は  病気か │◎
   （行為項1）  （行為項3）          （行為項1）  （行為項2）
```

c)　　　　　　　　　　ない（述）
　　　┌─────────┴─────────┐
　　（名）　　　　　　　　　　（名）│が
　恵美さん│は　　　　　病気の（形）│はず
　（行為項3）　　　　　　（行為項1）

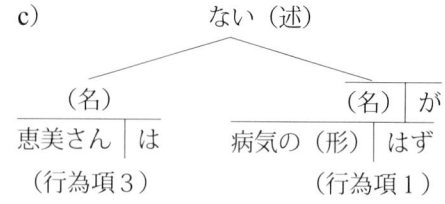

　b）「かも」の「か」の要素を疑問の助詞とすると，肯定の「病気だ」に対する疑問の「病気か」となり名詞節を導くことになる．そこで，先行の述語を名詞化するゼロの転用体で名詞になり，これに並列の助詞「も」が付加されたものと考えた．「しれない」は「わからない」の意味で，「病気かどうかわからない」と解釈した．なお，「かもしれない」は論理的に「ないかもしれない」を含意する．

　c）「はず」は「当然さ」を意味する形式名詞であって，病気の可能性が欠けているの意となる．また，「～は～がない」という文型は「私は金がない」と同じく所有物の不在を表している．なお，「病気のはずだ」は「病気にちがいない」と同義である．（156頁コラム1参照）

2）義務的法表現

義務的法は伝達内容の実現にかかわる話し手の意向を表わしている．

必要性大：a）君は薬を飲まなければならない．

必要性中：b）君は薬を飲まなくてもよい．

必要性小：c）君は薬を飲む必要がない．

　a）の「飲まなければ」は否定の条件形である．「ならない」は「許されない」を意味し，「飲まないことは許されない」と伝えているのである．「飲まなければ」は副詞的条件形であるが，文の必要成分をなしているので，「準行為項」と見なした．

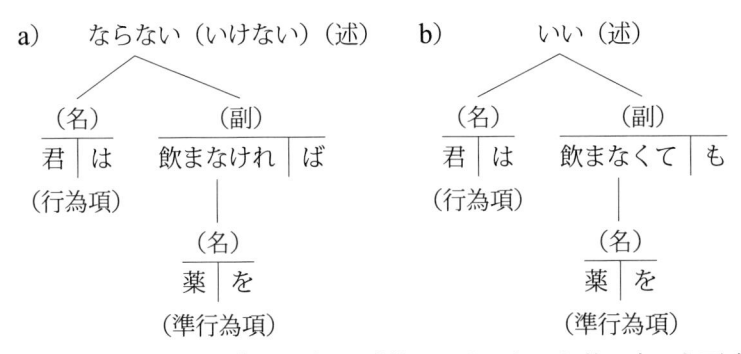

a)
```
         ならない（いけない）（述）
        ┌──────────┴──────────┐
       (名)                  (副)
    ┌───┴───┐          ┌──────┴──────┐
     君 │ は          飲まなけれ │ ば
    (行為項)                 │
                           (名)
                        ┌───┴───┐
                         薬 │ を
                         (準行為項)
```

b)
```
              いい（述）
        ┌──────┴──────┐
       (名)          (副)
    ┌───┴───┐    ┌────┴────┐
     君 │ は    飲まなくて │ も
    (行為項)         │
                  (名)
               ┌───┴───┐
                薬 │ を
                (準行為項)
```

a) の「飲まなければ」も b) の「飲まなくても」も共に文の必要成分であるから,「準行為項」と判定した.

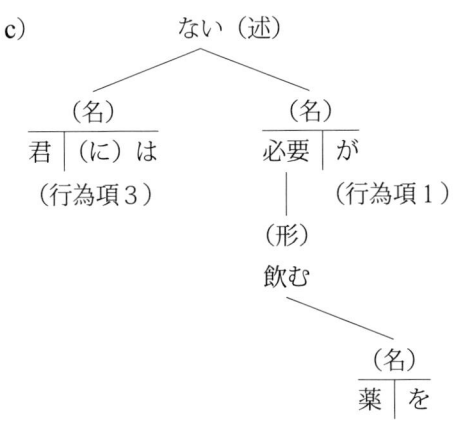

c)
```
                    ない（述）
            ┌──────────┴──────────┐
           (名)                  (名)
        ┌───┴───┐            ┌───┴───┐
         君 │(に)は           必要 │ が
        (行為項3)              (行為項1)
                                │
                               (形)
                                飲む
                                 │
                                (名)
                             ┌───┴───┐
                              薬 │ を
```

「〜には〜がない」は否定の所有構文である.

3) その他の法表現

ここでは, c1) 推定の形容詞「らしい」, c2) 比況の名容詞「ようだ」, c3) 伝聞の名容詞「そうだ」, c4) 様態の名容詞「そうだ」, c5) 準動詞の「だろう」を扱うことにする

c1) 推定の形容詞「らしい」

1) あの人は学者らしい.
2) 恵美さんは元気らしい.
3) 真紀さんは足が痛いらしい.
4) 雨が降るらしい.

```
    学者・らしい      痛い・らしい       降る・らしい
       │           ╱      ╲            │
      （名）      （名）  （名）       （名）
     あの人は    真紀さんは 足が        雨が
```

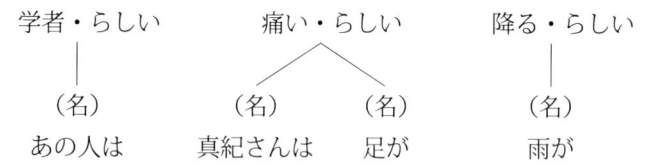

　形容詞語尾「らしい」は，名詞，形容詞，名容詞，動詞と結合して形容詞述語を形成し，ある根拠により推定することを意味する．副詞とも結びつく：「もう，じきらしい」．

c2）比況の名容詞「ようだ」

　「ようだ」は比況の形式名詞「よう」に準動詞「だ」が付いた名容詞述語である．

　　1）あの若者は女のようだ．
　　2）先生は元気なようだ．
　　3）歳月は流れるようだ．

　形式名詞「よう」が「女の」，「元気な」，「流れる」のような形容詞形により修飾されている．「女みたいだ」という表現では，「みたいな」という名容詞が述語化しているが，名詞の「女」が属格の転用体なしで形容詞に転用されていると思われる．

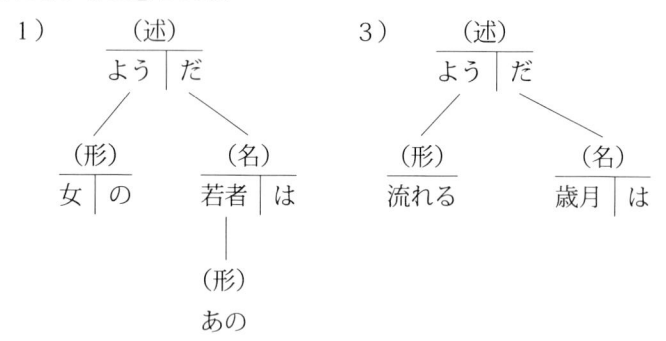

```
   1）      （述）              3）       （述）
           よう│だ                       よう│だ
           ╱    ╲                        ╱    ╲
        （形）  （名）                 （形）  （名）
        女│の  若者│は              流れる  歳月│は
                 │
              （形）
               あの
```

c3）伝聞の「そうだ」

　　1）あの人は政治家だそうだ．
　　2）あの人はまだ元気だそうだ．
　　3）生活は苦しそうだ．
　　4）明日は雨が降るそうだ．

1）　(述)
　　　そう｜だ
　　　｜
　(形)　　　　　(名)
(名)｜◎　　　あの人｜は
政治家｜だ

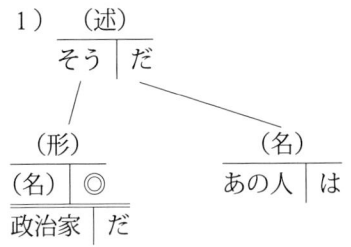

　伝聞の「そうだ」も名容詞述語である．だが，「政治家だ」「元気だ」は述語形であるから節を構成していると考えられるので，名詞節とし２重線でマークした．この名詞節が転用体なしで（◎）形容詞化し，形式名詞の「そう」にかかっていると思われる．

　「政治家だそうだ」は「政治家（だ）ということだ」とも言い換えられる．格助詞「と」の前には名詞節が立ち，「という」のように，動詞「いう」の内容を示している．この動詞は次にくる形式名詞「こと」を修飾しているが，「ことだ」については後ほど取り扱うことにする．

c4）様態の「そうだ」

　1）いまにも雨が降りそうだ．
　2）こどもたちは楽しそうだ．
　3）おとなたちも愉快そうだ．

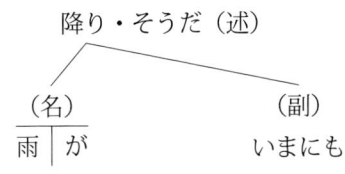

　　　降り・そうだ（述）
　　　／　　　　＼
　(名)　　　　　　(副)
雨｜が　　　　　いまにも

　「そうだ」の「そう」も名容詞であって，「そうだ」は名容詞述語として機能するが，その前にくる動詞や形容詞や名容詞の語幹に付加される．従がって，複合語となる．

c5）推量の「だろう」

　「だろう」は準動詞「だ」の推量形で，「ろう」が付加されている．

　1）あの人が校長先生だろう．
　2）もう北海道は寒いだろう．
　3）みな元気だろうね．

4）明日雨が降るだろう．

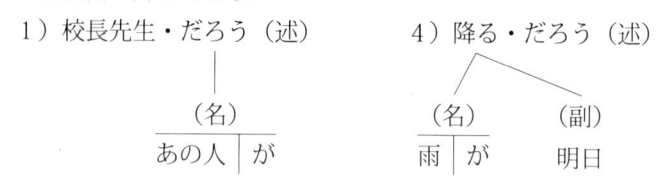

```
    1）校長先生・だろう（述）      4）降る・だろう（述）
            │                      ╱       ╲
           (名)                   (名)      (副)
         あの人 | が              雨 | が    明日
```

　名詞や名容詞では，名詞は準動詞の「だ」に支配されるが，動詞や形容詞では，これらに推量の「だろう」が付加されていると解釈した．

(4) 重要構文

1）存在構文と所有構文

a）机の上に2冊本がある．

b）直子には2人弟がいる．

「ある」と「いる」は存在動詞で文全体を支配する支配結節となる．

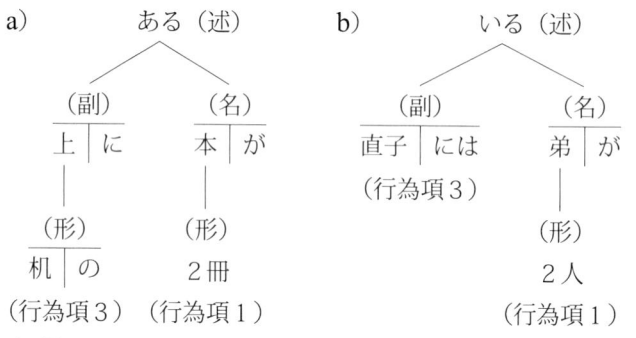

```
a）        ある（述）         b）        いる（述）
         ╱        ╲                   ╱        ╲
       (副)       (名)               (副)       (名)
      上 | に    本 | が           直子 | には   弟 | が
        │         │              (行為項3)       │
       (形)      (形)                            (形)
      机 | の    2冊                             2人
    (行為項3) (行為項1)                        (行為項1)
```

　a）「机の」（形）が「上」を修飾し，「机の上に」と位置格の副詞になるが，存在の位置を表わす必要成分であるから，（行為項3）となる．

　b）「直子には」も「弟が存在する位置」を表わすので，やはり（行為項3）となる．

　存在動詞による存在構文では，存在する事物が（行為項1）となり，存在する場所が（行為項3）となる．次は所有構文の例である．

　c）私の所には2台の車がある．（「車が2台」のように助数詞「2台の」は移動する）

　d）私は多少お金がある．

　e）私はまったくお金がない．

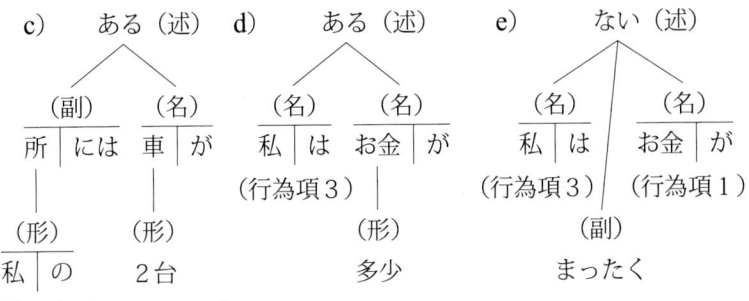

```
    c) ある（述）    d) ある（述）    e) ない（述）
      ┌──┴──┐        ┌──┴──┐        ┌──┴──┐
     (副) (名)      (名) (名)      (名)   (名)
      所には 車が    私は  お金が    私は    お金が
       │    │      (行為項3) │    (行為項3) (行為項1)
      (形) (形)          (形)       (副)
      私の  2台          多少      まったく
    (行為項3)(行為項1)
```

c) は「所有構文」である．存在構文における主格が「所有物」を，位置格「(に) は」が所有者を表わすとき所有構文となる．なお，存在構文も所有構文も否定のときは，形容詞「ない」が用いられる．また，e) 否定文では，副詞の「まったく」は述語の「ない」を修飾している．

2）行為構文と状態構文

a) 加代子がピアノをひいている．（行為構文）

b) 加代子はピアノがひける．（状態構文）

a) の「ひいている」という行為動詞は，行為者と行為の対象物を必要とし，「〜が（は）〜をひく」という文型を用いる．

b) の「ひける」という動詞は「加代子にピアノをひく能力が備わっていること」を意味している．所有構文で示したように，能力の所有者とその能力の対象物が「〜は〜がひける」という文型にはめこまれる．

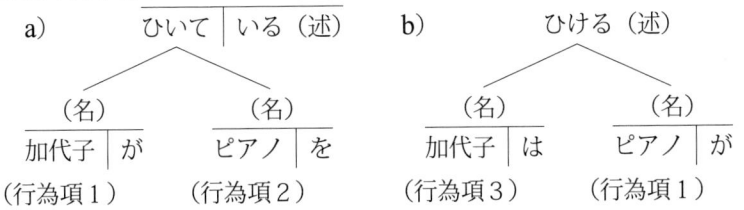

```
  a)  ひいて いる（述）    b)  ひける（述）
       ┌────┴────┐           ┌───┴───┐
      (名)      (名)        (名)     (名)
      加代子が  ピアノを     加代子は  ピアノが
     (行為項1) (行為項2)    (行為項3) (行為項1)
```

「加代子はピアノがひける」という状態文を「加代子はピアノをひくことができる」と言い換えることができる．

c) 加代子はピアノをひくことができる．

上の文には「ピアノをひくこと」という形式名詞「こと」が含まれている．さらに，c) の文の述語は「できる」である．そこで，この文の図系

を取り出してみよう．

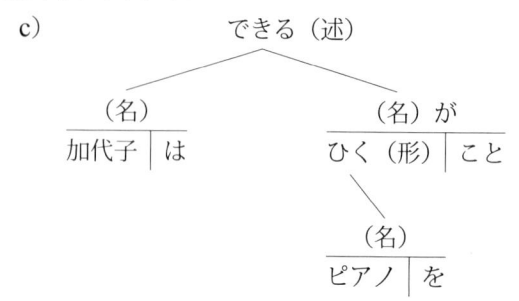

```
  c)              できる（述）
           ┌─────────┴─────────┐
          （名）           （名）が
         加代子｜は        ひく（形）｜こと
                              │
                            （名）
                           ピアノ｜を
```

c）の「できる」という動詞は「〜は〜ができる」という構文をもつ状態動詞で，可能動詞「ひける」と同じ文型をとることが分かる．

3）強調構文

　a）武男が窓ガラスをこわした．
　b）窓ガラスをこわしたのは武男だ．

a）の出来事において，行為者の「武男」を強調すると，b）のように「〜したのは〜だ」という構文が用いられる．ここでは，形式名詞「の」に格助詞「は」を付加して名詞化し，その後に「〜だ」というように，強調される要素を名詞述語で表出している．

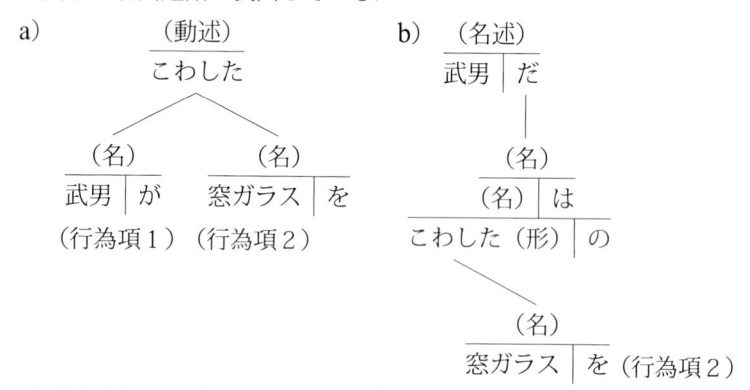

```
a)        （動述）              b)      （名述）
          こわした                      武男｜だ
         ┌────┴────┐                      │
        （名）   （名）                  （名）
        武男｜が 窓ガラス｜を          （名）｜は
      （行為項1）（行為項2）           こわした（形）｜の
                                              │
                                            （名）
                                         窓ガラス｜を（行為項2）
```

　c）武男がこわしたのは窓ガラスだ．

上の文では行為項2の「窓ガラスを」が強調されている．ここで，もう少し複雑な例文に当たることにしよう．

　d）バレンタインデーに恵美さんはチョコレートを正男君にわたし

た．

　上の例文には，副詞句「バレンタインデーに」と3つの名詞句「恵美さんは」，「チョコレートを」，「正男君に」を含んでいる．この文の図系は次の通りである．

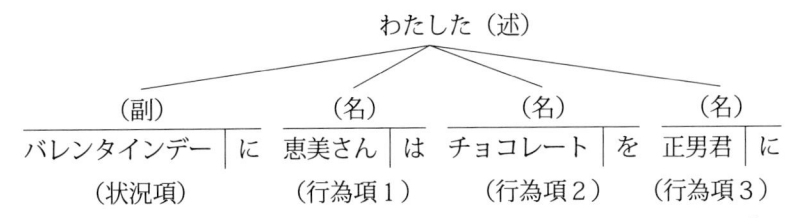

```
                    わたした（述）
        ┌──────────┬──────────┬──────────┐
       (副)        (名)       (名)       (名)
   バレンタインデー│に 恵美さん│は チョコレート│を 正男君│に
     (状況項)        (行為項1)   (行為項2)    (行為項3)
```

d1) 恵美さんがチョコレートを正男君にわたしたのはバレンタインデーだ．

d2) バレンタインデーにチョコレートを正男君にわたしたのは恵美さんだ．

d3) バレンタインデーに恵美さんが正男君にわたしたのはチョコレートだ．

d4)?　バレンタインデーに恵美さんがチョコレートをわたしたのは正男君だ．

　どうも，（行為項3）を強調することはできないようである．

　そこで，次のような強調構造の形式を設定することができよう．

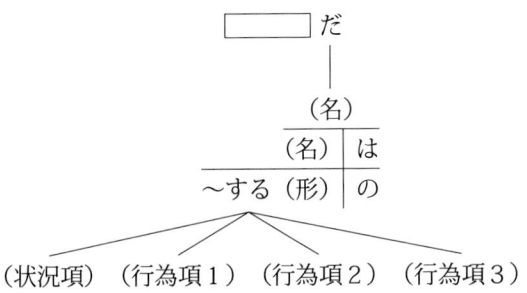

```
              ┌─────┐だ
              │     │
                (名)
             ┌──(名)─┬は
             ～する（形）の
        ┌────┬────┬────┐
     (状況項) (行為項1) (行為項2) (行為項3)
```

すなわち，一番下の列で強調されるべき（状況項）もしくは（行為項）を最上位の四角な枠の中へ移せば強調構文が形成される．

4）慣用的表現の構造

a)「ものだ」（名詞述語）

a1) この人形は昔パリで買ったものです．（物品）
a2) 子供はむじゃきなものだ．（傾向）
a3) 運命は分からないものだ．（道理）
a4) 私は昔よく寄席へ行ったものだ．（述懐）

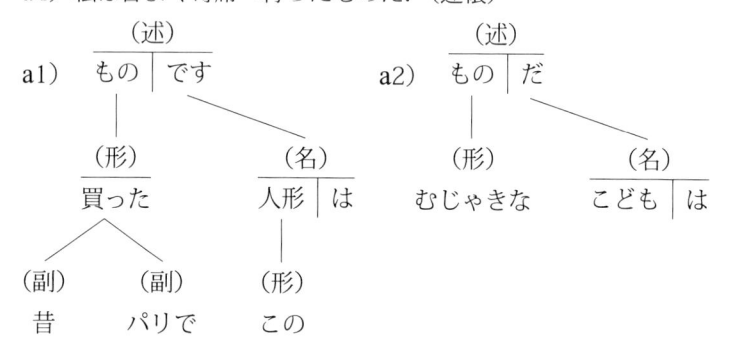

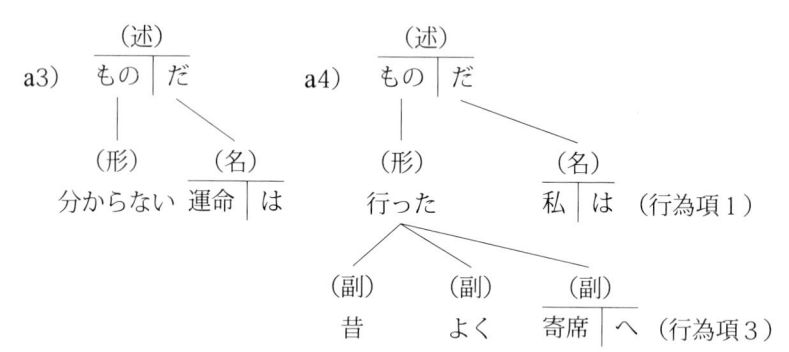

a1)
```
        （述）
      もの｜です
        │
   （形）     （名）
   買った    人形｜は
     │
(副)  (副)  (形)
 昔  パリで  この
```

a2)
```
        （述）
      もの｜だ
        │
   （形）     （名）
  むじゃきな  こども｜は
```

a3)
```
        （述）
      もの｜だ
        │
   （形）     （名）
  分からない  運命｜は
```

a4)
```
        （述）
      もの｜だ
        │
   （形）     （名）
   行った     私｜は　（行為項1）
     │
 (副)  (副)  (副)
  昔   よく  寄席｜へ　（行為項3）
```

b)「ことだ」（名詞述語）

　　b1) 日本が豊かになったのはありがたいことだ．（事実）

c)「ことがある」（存在動詞）

　　c1) 気をつけないと失敗することがある．（可能性）
　　c2) 私はロンドンへ3回行ったことがある．（経験）

d)「ことはない」（否定形容詞）

　　d1) 君はそんなに急ぐことはない．（必要）

e)「ことにする」(動詞述語)
　e1) 私は寝る前に歯をみがくことにしている．(習慣)
f)「ことだ」(名詞述語)
f1) 加代子さんは結婚したとのことです．(伝聞)

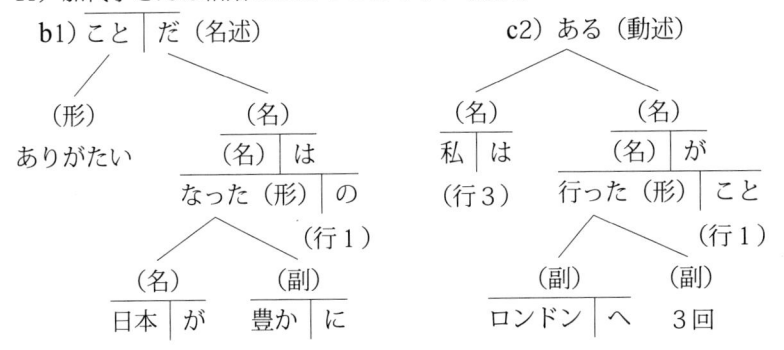

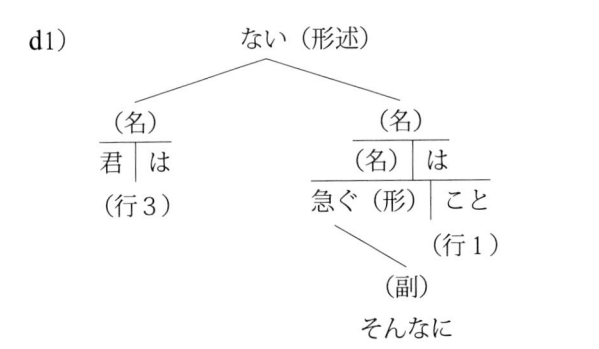

b1) こと｜だ（名述）

```
        （形）        （名）
     ありがたい    （名）｜は
                  なった（形）｜の
                            （行1）
                   （名）    （副）
                   日本｜が  豊か｜に
```

c2) ある（動述）

```
        （名）          （名）
        私｜は       （名）｜が
        （行3）     行った（形）｜こと
                              （行1）
                    （副）    （副）
                   ロンドン｜へ  3回
```

d1)
```
                   ない（形述）
        （名）              （名）
        君｜は           （名）｜は
        （行3）        急ぐ（形）｜こと
                              （行1）
                        （副）
                       そんなに
```

b1)「日本が豊かになったこと」が（行為項1）で「だ」に支配される．cとdは所有構文で，「私は」「君は」が（行為項3）で所有者を表わし，（名）は（行為項1）の所有物を意味する．

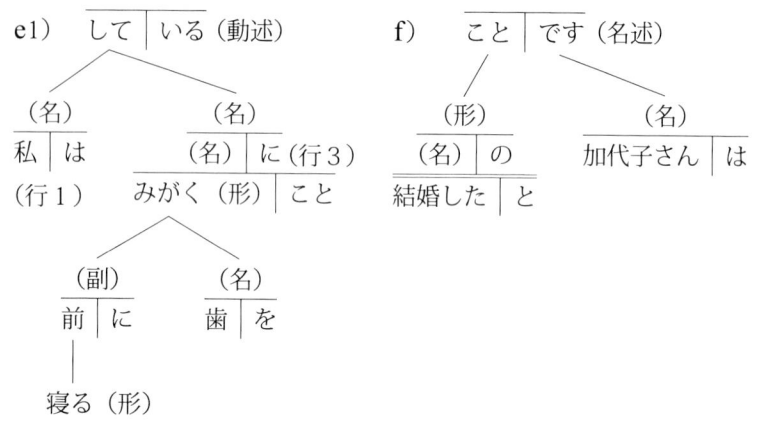

```
e1)   して│いる（動述）        f)   こと│です（名述）
      （名）    （名）              （形）     （名）
      私│は  （名）│に（行3）     （名）│の   加代子さん│は
      （行1） みがく（形）│こと    結婚した│と
              （副）   （名）
              前│に   歯│を
              │
              寝る（形）
```

　e1)「～することにしている」は習慣を表わす慣用的表現である．f)「～とのことだ」は伝聞を伝えている．「と」の前には節が来る（86頁参照）ので 2 重線で表示した．

g)「**つもりだ**」

　g1) 私は就職するつもりだ．
　g2) 私は就職するつもりでいる．
　g3) 私は就職するつもりはない．

　意図を表わす「つもり」も形式名詞である．だが，3 の例文の構造は異なる．「つもりだ」は名詞述語であるが，ある意図をもつ意味から所有構造と見なされる．

　「つもりで」は副詞句として動詞「いる」と結びついて状態を表わすので，行為項と見なされる．g3) は否定の所有構造である．

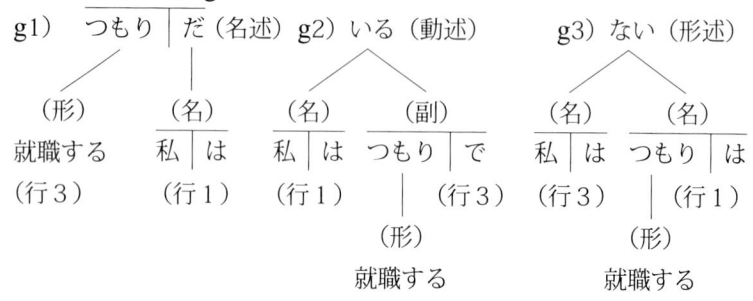

```
g1) つもり│だ（名述）  g2) いる（動述）       g3) ない（形述）
    （形）  （名）      （名）  （副）        （名）   （名）
    就職する 私│は     私│は  つもり│で    私│は  つもり│は
    （行3） （行1）    （行1）  │（行3）    （行3）  │（行1）
                              （形）               （形）
                              就職する             就職する
```

106

h)「のだ」

「のだ」は，前の部分で表わされる事態を既定のものとして捉える表現である（野田春実 1997, 15-6）．この図系は次のようになる．

h1) 奥さんはきみのことを心配してこられたのだ．（森鴎外『仮面』）

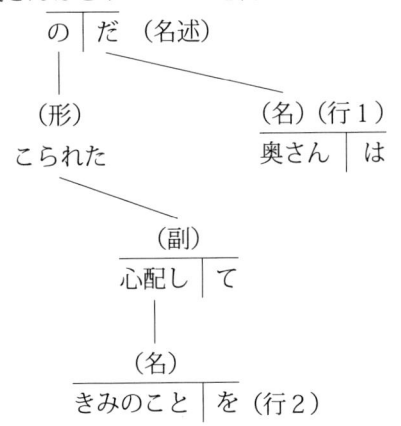

```
        の │ だ （名述）
        │
  ┌─────┴─────┐
 （形）      （名）（行1）
 こられた    奥さん │ は

        （副）
       心配し │ て

        （名）
       きみのこと │ を （行2）
```

「奥さんは」は名詞述語「のだ」の「だ」に支配されている．「君のことを心配してこられた」が形容詞句として形式名詞「の」を修飾しているので，それぞれの語句は上のように配置される．要するに，文末に「のだ」を付加することにより，既定の事柄としての意味が生じたものと考えられる．

(5) 従属部の構造

述語が行為項の名詞や状況項の副詞を支配する場合，述語が支配部で名詞や副詞は従属部となる．また，形容詞が名詞を修飾する場合，名詞が支配部で形容詞は従属部となる．また，述語を備えていることが，文と節の基本的条件である．そこで，行為項の名詞に相当する語句の中に述語が含まれていれば，名詞節となるし，状況項に相当する語句の中に述語が含まれていれば副詞節となる．さらに，名詞を修飾する形容詞語句の中に述語が見出されれば，それは形容詞節と評価される．

1）名詞節と名詞句

名詞句節は，核となる述語が支配するいずれかの行為項に置き換えられるもので，日本語では，形式名詞の「コト」，「ノ」や格助詞「ト」などが

名詞句節の標識をなしている．「ト」の前には述語がくるので，名詞節を導くが，「コト」「ノ」の前には形容詞語句が立つから名詞句を導くことになる．

2）形容詞句

日本語では，名詞の前に形容詞語句が立つ．だが，関係代名詞というものがなく，動詞も形容詞形をとるので，形容詞節は存在しない．例えば，「立派な論文」では，「立派な」は形容詞として「論文」を修飾している．「書き上げた論文」でも「書き上げた」は形容詞形として「論文」を修飾している．

3）副詞節と副詞句

核となる述語の状況項の位置を占める語句で，それ自体の述語を含めば副詞節と見なされる．例えば，「ノデ」や「ノニ」の前には形容詞語句しかこないので，副詞句を導くが，格助詞「カラ」や「ト」の前には述語形が用いられるから，副詞節と見なされる．

4）副詞的従属部の構成

副詞句と副詞節を合わせて「副詞的従属部」と呼ぶことにする．すでに，J. S. グルーバー（1976）や R. ジャッケンドフ（1983：1990），それに L. テニエール（1966）は論理的な意味分析を通して，空間系列がそのまま時間系列に移行され，さらに関係系列にまで拡大できると主張している．

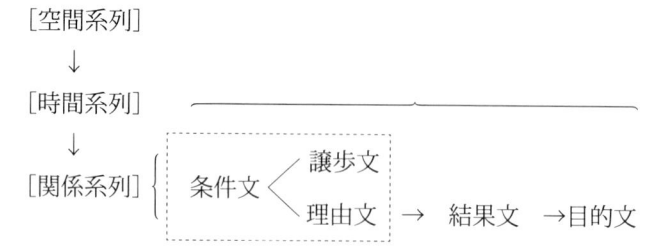

［空間系列］
　↓
［時間系列］
　↓
［関係系列］｛条件文 ＜ 譲歩文／理由文｝→ 結果文 →目的文

まず，関係系列内の点線で囲まれた副詞的従属部の構造を考察するとしよう．そこには，接続助詞が関係してくる．

(6) 接続助詞の構造
1) 関係系列
いま，条件句か条件節を含む文を「条件文」と呼ぶことにしよう．

(a) 条件文： 条件文の「努力すれば，成功する」という文は，「努力しなければ，成功しない」を含意している．つまり，条件に合う場合と合わない場合のいずれかを選択できる立場にある．さて，「努力すれば成功する」が成立すれば，「努力したカラ成功した」という理由文を導くことができる．だが，これとは逆に「努力したノニ成功しなかった」という場合は譲歩文となる．ここまでの思考経路は前頁の図式の右半分で点線で囲まれた部分で示されている．

さらに，理由文の結果として結果文が生じ，さらに，結果を予想そうして行動すれば，目的文「成功するタメニ努力する」が成立する．

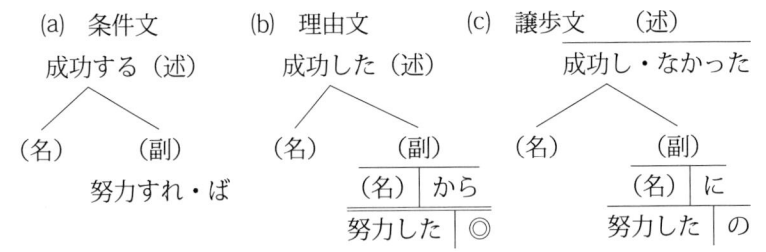

```
      (a)  条件文          (b)  理由文          (c)  譲歩文     （述）
           成功する（述）       成功した（述）       成功し・なかった

      （名）  （副）        （名）  （副）        （名）   （副）
        努力すれ・ば              (名)  から             (名)  に
                            努力した  ◎            努力した  の
```

それぞれの図系において，左側にある（名）は省略された人物（行為項1）「～は」を表わしている．

(b) 理由文：理由文では，「努力した」が述語であるから，2重線で示し，ゼロ転用体を用いて名詞化していることを表わしている．これに格助詞の「から」が付加されている．譲歩文では，「努力した」は形容詞形であるから，形式名詞「の」を修飾して名詞化し，これに格助詞「に」が付けられている．なお，理由文には「ので」を含む場合がある．

b1）長く立っていたので疲れてしまった．

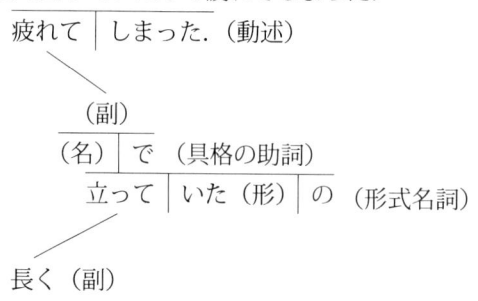

```
         疲れて │ しまった．（動述）
                    │
                  （副）
          （名）│で （具格の助詞）
           立って│いた（形）│の （形式名詞）

    長く（副）
```

「立っていた」は形容詞形で形式名詞「の」を修飾して名詞化している．これに具格の「で」が付加されると副詞となる．

(c) 譲歩文：譲歩文には接続助詞によるさまざまな表現がある．さらに譲歩文として「ところ」を含むことがある．

　c1）友人の家へ立ち寄ったトコロ（が）留守だった．

このトコロは形式名詞で，接続助詞の「が」と置き換えられる．

　c2）努力したところで，うまくはいかない．

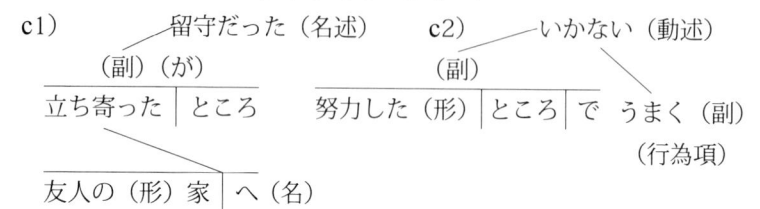

```
 c1）        留守だった（名述）     c2）       いかない（動述）
         （副）（が）                    （副）
     立ち寄った│ところ        努力した（形）│ところ│で  うまく（副）
                                                     （行為項）
     友人の（形）家 │へ（名）
```

「ところ」は逆接の「が」と交換可能である．「ところで」は譲歩の「のに」置き換えができる．「家へ」は「立ち寄る」の必要要素であるから名詞とし，「うまく」は副詞であるが，動詞「いく」の必要要素であるから行為項と見なされる．

　「が」による譲歩文：c3）冬は昼が短いが夜が長い．
　　　　　　　　　　c4）生活は苦しいが未来に希望があります．

第4章　日本語の統語

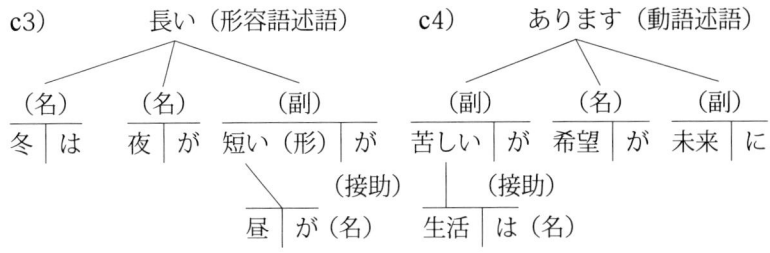

c3)　長い（形容語述語）　　　c4)　あります（動語述語）

　　　（名）（名）（副）　　　　　　　（副）（名）（副）
　　　冬は　夜が　短い（形）が　　　苦しいが　希望が　未来に
　　　　　　　　　　（接助）　　　　（接助）
　　　　　　　　昼が（名）　　　　　生活は（名）

形容詞「長い」は「～は～が」の文型をとる．

「けれど」：c5) この本は注意して読んだけれど，よく分からない．
　　　　　c6) 武男は叱られたけれど，平気だった．

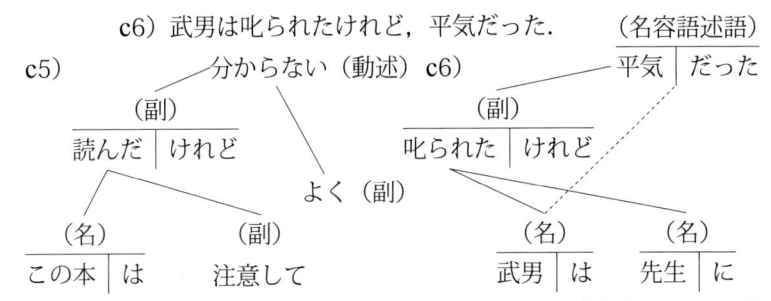

c5)　　　　分からない（動述）　c6)　　　　　平気　だった（名容語述語）
　　　　　（副）　　　　　　　　　　　　　（副）
　　　　読んだ　けれど　　　　　　　　叱られた　けれど
　　　　　　　　　　　　よく（副）
　　　（名）　　　（副）　　　　　　　　（名）　　　（名）
　　　この本は　　注意して　　　　　　武男は　　　先生に

「けれど」は譲歩の接続助詞で「けれども」でもよい．「注意して」は副詞形．

「ても」：c7) 仕事が辛くても我慢するつもりだ．
　　　　　c8) 春子は若くてもしっかりしている．

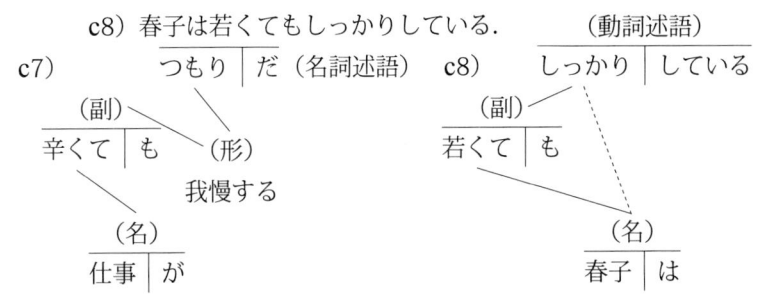

c7)　　　つもり　だ（名詞述語）　c8)　しっかり　している（動詞述語）
　　　　（副）　　　　　　　　　　　　（副）
　　　辛くても　　（形）　　　　　　　若くても
　　　　　　　　我慢する
　　　　（名）　　　　　　　　　　　　　　　（名）
　　　　仕事が　　　　　　　　　　　　　　春子は

「つもり」は名詞で「我慢する」は形容詞．「辛くて」も「若くて」も副詞形でこれに同類併記の助詞「も」が付加されている．「しっかりしている」は「しっかり」（副詞）と動詞「する」が複合したもので，「がっかりする」も同じ．「春子は」は「若くて」と「しっかり」に支配されている．

c9）君と話してもむだだ．
c10）正男は病気でも会社に出勤した．

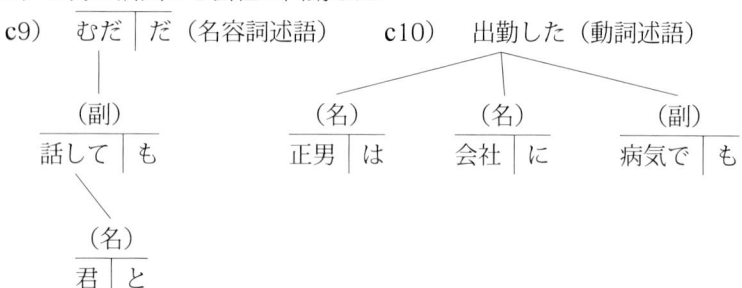

```
  c9)  むだ│だ（名容詞述語）      c10)   出勤した（動詞述語）
        │                              ┌────┬────┐
       （副）                        （名）（名）（副）
       話して│も                    正男│は 会社│に 病気で│も
        │
       （名）
       君│と
```

「むだな」は名容詞．「話して」は副詞形，「病気で」も副詞形で，これに「も」が付加されている．

「ものを」「ものの」：1) 子供が欲しがるものを買ってやらなかった．
　　　　　　　　　　2) そうは言うものの，うまく説明できない．

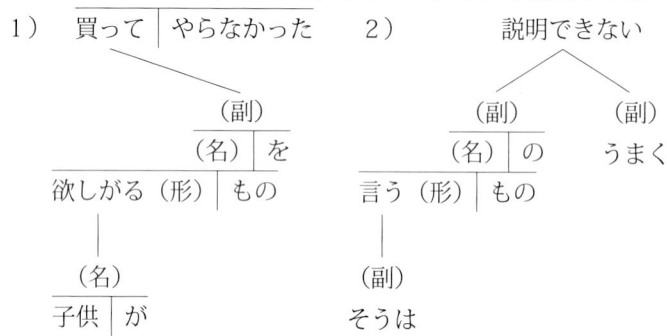

```
1)  買って│やらなかった     2)      説明できない
                                    ┌──────┬────┐
           （副）                  （副）    （副）
        （名）│を           （名）│の      うまく
   欲しがる（形）│もの      言う（形）│もの
        │                            │
       （名）                       （副）
       子供│が                      そうは
```

「買ってやる」は授受動詞による恩恵行為の助動詞表現．「ものを」「ものの」は名詞の「もの」に格助詞「を」と「の」が付加されたものと解釈した．接続助詞として先行する表現を副詞化する転用体の機能を果たしている．「のに」と置き換え可能．

第4章　日本語の統語

「ものだから」：3）雨がひどく降るものだから，外へ出られなかった．

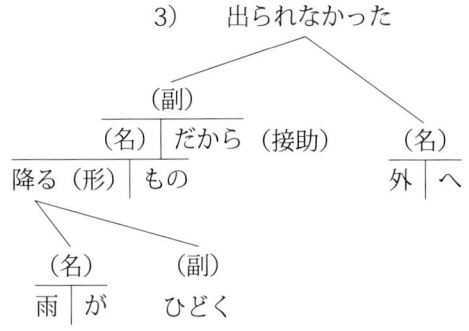

3）　　出られなかった
```
                （副）
        ────────────────────
        （名）  だから（接助）    （名）
    降る（形）｜もの            外｜へ
      ──────────────
      （名）   （副）
       雨｜が   ひどく
```

「ものだから」は「もの」に接続詞の「だから」が付加されて理由を表わし，「ので」と置き換え可能．しかし，「ものだ」という名詞述語に「から」が付いたとも解釈できる．「外へ」は動詞「出る」の必要要素であるから（名）とした．

同じく，条件を導く「ては」と「では」があるが，副詞形に「は」が付加されている．

　　体が弱くては，無理ができない．
　　この様子では，会社の将来が不安だ．

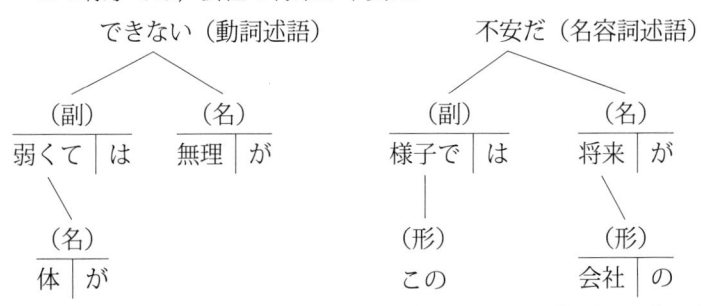

```
      できない（動詞述語）               不安だ（名容詞述語）
   ─────────────             ─────────────
   （副）      （名）                （副）      （名）
  弱くて｜は   無理｜が             様子で｜は   将来｜が
    │                               │          │
   （名）                           （形）       （形）
   体｜が                           この｜       会社｜の
```

形容詞の副詞形「弱く」と名詞の副詞形「様子で」（具格形）に助詞「は」がつき，理由の副詞句を形成している．

(d)　同時的行為を表わすときは「ながら」を用いる．
　d1）景色を見ながら，山を登っていった．
　d2）悪いと思いながら，うそを言ってしまった．

```
d1)       登って│行った        d2)         言って│しまった
          ────────                         ─────────
           (副)      (名)                   (副)        (名)
          見│ながら(接助) 山│を            思い│ながら(接助)  うそ│を
                                          ────
                                          悪い│と(名)
              景色│を(名)
```

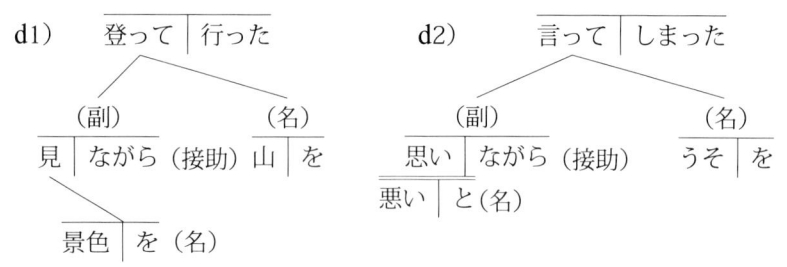

「見ながら」「思いながら」は動詞の語幹の名詞に接続助詞「ながら」が付加されているが，「見ながら」は同時的行為であるが，「思いながら」は譲歩の「思ったけれど」と言い換えられる．「悪い」は述語形で内容を表わす助詞「と」により名詞節化されているので，2重線で表示されている．

また，同様な行為が「～たり」という語形で繰り返されることがある．

　d3）人が出たり，入ったりしてやかましかった．
　d4）暑かったり，寒かったりして気温が一定しない．

```
d3)              やかましかった (動詞述語)
                      │
                     (副)
                出たり, 入ったり│して
                      ⋮
                     (名)
                    人│が
```

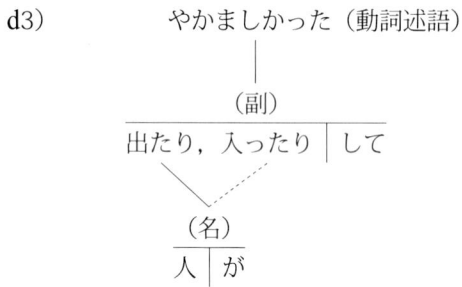

```
d4)                    一定しない (動詞述語否定形)
                   ┌──────────┴──────────┐
                  (副)                    (名)
            暑かったり, 寒かったり│して    気温│が (名)
```

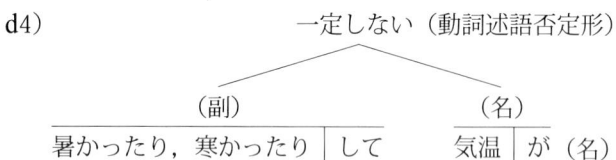

複数の行為「～たり，～たり」を副詞形「して」でまとめている．

否定の副詞形で行為のなされていない状態を表わすことがある．

　d5）弘は勉強しないで遊んでばかりいる．
　d6）山本さんは酒も飲まないし，たばこも吸わない．

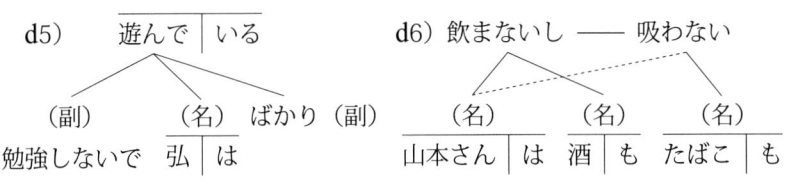

d5)　遊んでいる　　　　d6)　飲まないし ―― 吸わない
　　（副）（名）ばかり（副）　　（名）　（名）　（名）
勉強しないで　弘　は　　　　　山本さん　は　酒　も　たばこ　も

「勉強しないで」は否定の副詞形，「飲まないし」も副詞形であるが，次の語と並立している．並立の関係は横線 ―― で表わされている．

一度言いかけて，次に言いつづける中止形がある．
　1)「春が過ぎて，夏が来る」
　2)「春が過ぎ，夏が来る」

(e)　中止形には，「過ぎて」のように，副詞形によるものと，「過ぎ」のように動詞の母音語幹による方法とがある．

(f)　結果句節であるが，「原因」があっての「結果」であるから，両者は深く結びついている．問題はどちらに重点をおくかによる．

　　（従属部）　　　（支配部）
　　原因節　　　　結果節（原因文）
　　結果節　　　　原因節（結果文）

日本語では，原因に力点がくるので，「から」「ので」のような原因理由の従属部はあるが，結果を表わす従属部はない．例えば次に so 〜 that の結果節を含む英文であるが，

　　I am so tired that I can hardly walk.

「私はたいそう疲れたので，どうにも歩けない」

英文には結果節を導く接続詞 that が用いられているが，日本では「ので」という理由句が代わりを務めている．

(g)　目的句も原因と結果という構図の中で捉えられるべき内容である．原因となる事件の後で結果としての事件がつづいて起こるはずであるが，目的文は結果を予想して，その原因となるべき行為を行なっていることになる．

　g1) 大学に合格するために，正男はよく勉強した．
　g2) 大学に合格するように，正男はよく勉強した．

目的を表わすのに，形式名詞「よう」と「ため」に格助詞「に」が付加

されている．

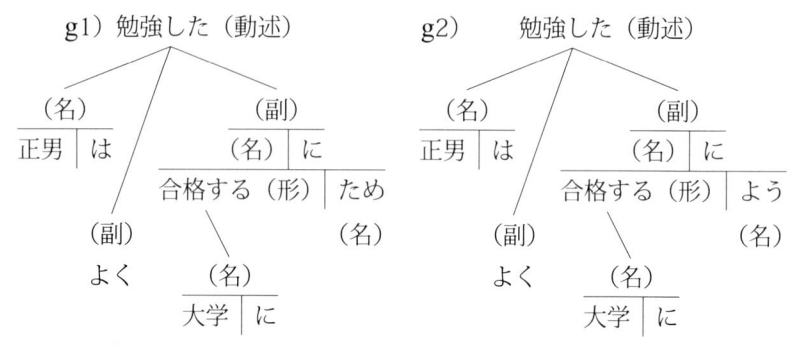

```
g1)   勉強した（動述）           g2)      勉強した（動述）
    （名）      （副）              （名）       （副）
   正男 | は   （名） | に          正男 | は   （名）| に
          合格する（形）| ため            合格する（形）| よう
       （副）        （名）          （副）         （名）
       よく   （名）                 よく    （名）
             大学 | に                      大学 | に
```

なお，「ように」は「ヨーニ」と発音される．

さらに，様相系列の構造にも触れておこう．

2）様態系列

いままでに紹介した副詞句節は，2つの出来事を時間の流れの中で考察してきたが，様態系列は2つの出来事の外見的は様相の類似から引き出される．様態句も形式名詞「よう」が用いられる．

2a）星が宝石のように光っていた．（様相）

2b）弘司は武司と同じぐらい早く走る．（同等比較）

2c）馬は牛より早く走る．（比較文）

2d）牛は馬ほど早く走れない．（劣等比較）

2b）の「ぐらい」と 2d）「ほど」はいずれも副助詞である．

第4章　日本語の統語

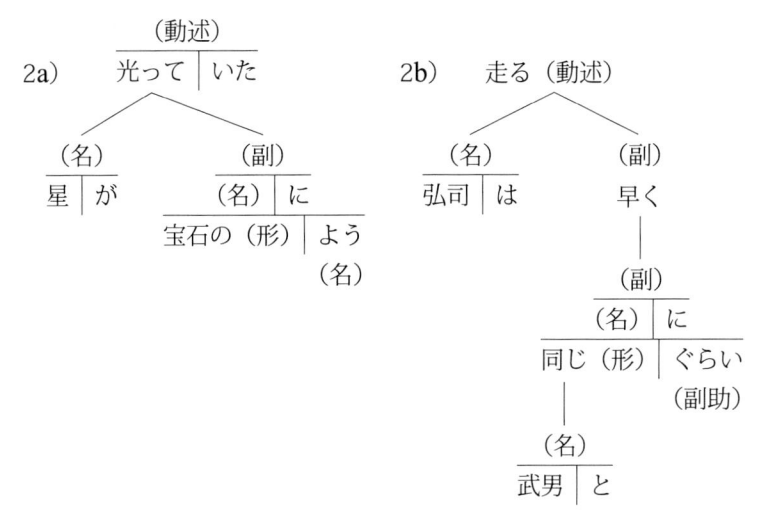

```
2a)      （動述）
       光って│いた
     ┌─────┴─────┐
   （名）         （副）
    星│が      （名）│に
            ┌────┴────┐
         宝石の（形）│よう
                   （名）
```

```
2b)    走る（動述）
     ┌──┴──┐
   （名）   （副）
   弘司│は  早く
           │
         （副）
        （名）│に
        ┌──┴──┐
     同じ（形）│ぐらい
           │   （副助）
         （名）
         武男│と
```

2a) では,「宝石の」が名詞の「よう」を修飾して名詞化し,これに格助詞「に」が付いて副詞化している. 2b) では,「同じ」が名詞の「ぐらい」を修飾して名詞化し,これに格助詞「に」が付いて副詞に転用されている.なお,名容詞「同じ」は名詞の前に立つときは「同じ人」のように,語幹のまま用いられる.また,「武男と同じ」のように,共格の名詞をとる.

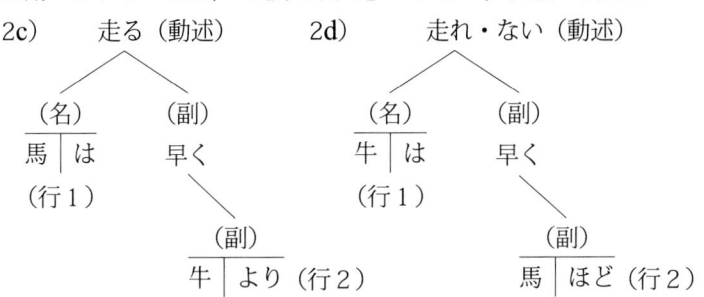

```
2c)    走る（動述）
     ┌──┴──┐
   （名）   （副）
    馬│は   早く
   （行1）    │
          （副）
          牛│より（行2）
```

```
2d)   走れ・ない（動述）
     ┌──┴──┐
   （名）   （副）
    牛│は   早く
   （行1）    │
          （副）
          馬│ほど（行2）
```

2c) では,名詞の「牛」に比格の「より」が付いて副詞となる. 2d) では,名詞の「馬」に程度を示す副助詞「ほど」が付いて副詞化している.だが,「馬が走る,走れない」と言っているのではなく,副詞の「早く」が「牛より」「馬ほど」が比較成分を伴う必要要素として働いているので,準行為項と見なした.

ただし,形容詞述語の場合は,別な解釈が必要となる.

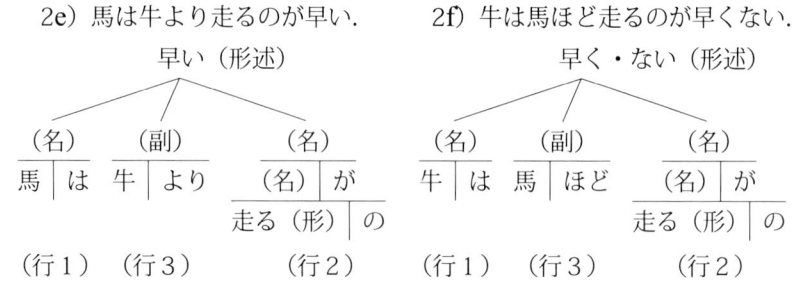

2e）馬は牛より走るのが早い．　　2f）牛は馬ほど走るのが早くない．
　　　　早い（形述）　　　　　　　　　早く・ない（形述）
　　┌────┼────┐　　　　　　　┌────┼────┐
　（名）　（副）　　（名）　　　　（名）　（副）　　（名）
　 馬 │は　牛 │より　（名）│が　　牛 │は　馬 │ほど　（名）│が
　　　　　　　　　　走る（形）│の　　　　　　　　　　走る（形）│の
（行1）（行3）　　（行2）　　（行1）（行3）　　（行2）

「牛より」と「馬ほど」は副詞句であるが，やはり文を理解するのに必要な要素であるから行為項と解釈した．

以上の分析から，副詞句節は次のような構成をなすと考えられる．

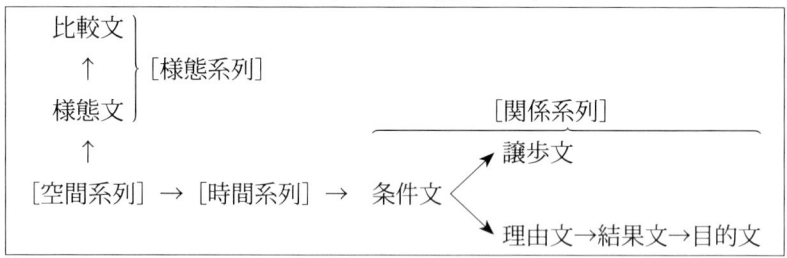

```
    比較文
     ↑   ｝［様態系列］
    様態文
     ↑                  ［関係系列］
                         ┌→ 譲歩文
［空間系列］→［時間系列］→　条件文＜
                         └→ 理由文→結果文→目的文
```

以上で副詞節に関連して接続助詞の用法と構造を説明した．

(7) 副助詞の構造

　副助詞は本質的には副詞で，名詞，形容詞，名容詞，動詞さらに副詞を修飾する．

　結合価理論による図系は，品詞変化の過程を追及することにより形成されるので，各過程における品詞を見極めておく必要がある．副助詞は副詞の資格をもつが名詞になることもある．

　(a)　も：同類の語句を例示する．
　山│も　川│も，　　山に│も　川に│も．
（名）（副）（名）（副）　（名詞句）（副）（名詞句）（副）
　　　　　　　　　　　　　　　　（名詞や名詞句に付加される）
　高く│も，低く│も　ない．　　高い│も　低い│も　ない．
（形副）（副）（形副）（副）　　　（形）（副）（形）（副）
　　　　　　　　　　（形容詞もしくはその副詞形に付加される）

先生は とがめ も, しかり も しなかった.
　　　　（動）（副）　（動）（副）
　　　　（動詞の語幹名詞に付加され，動詞「する」でまとめられる）
好きで も, 嫌いで も ない.（名容詞の副詞形に付加される）
（名容副）（副）（名容副）（副）

(b) や：並列を指す.
b1) 桃 や 桜が咲いている.（名詞に付加）
b2) 遠く や 近くに見える山々.（形容詞の副詞形に付加）
b3) 食う や 食わずの生活.（動詞の語幹名詞に付加）

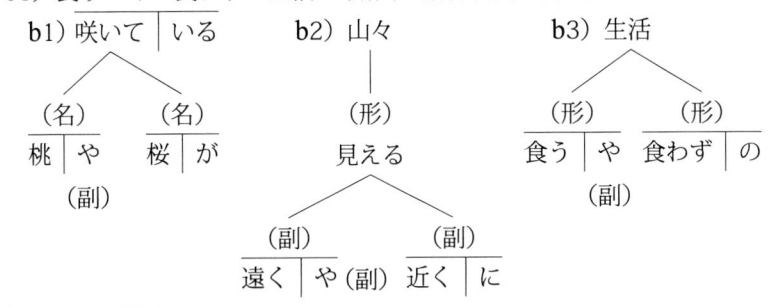

　　b1) 咲いて いる　　　b2) 山々　　　　b3) 生活
　　　　　／＼　　　　　　　｜　　　　　　　／＼
　　　（名）　（名）　　　　（形）　　　　（形）　（形）
　　　　桃 や 桜 が　　　　見える　　　　食う や 食わず の
　　　　　（副）　　　　　／　　＼　　　　　　（副）
　　　　　　　　　　　（副）　　（副）
　　　　　　　　　　　遠く や（副）近く に

(c) だけ：限定
c1) そのことは母にだけ話しておいた．（名詞句に付加）
c2) 正男だけが大学に合格した．（名詞に付加）

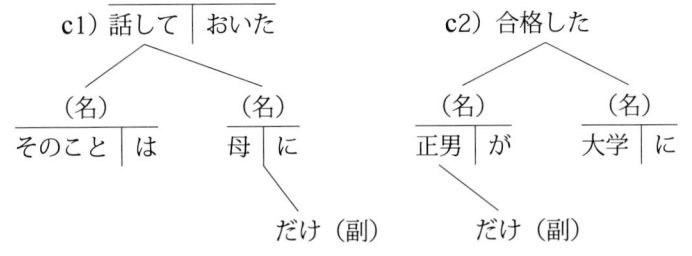

　　　c1) 話して おいた　　　　　c2) 合格した
　　　　　／　　＼　　　　　　　　／　　＼
　　　（名）　　（名）　　　　　（名）　　（名）
　　　そのこと は　母 に　　　　正男 が　大学 に
　　　　　　　　　　｜　　　　　　｜
　　　　　　　　　だけ（副）　　だけ（副）

c3) 英語は読むだけで，話せません．（動詞に付加）
c4) このワインは高いだけで，うまくない．（形容詞に付加）
　「だけで」は「だけだ」という名詞述語の副詞形である．

c3) 話せません　　　　　　c4) うまくない

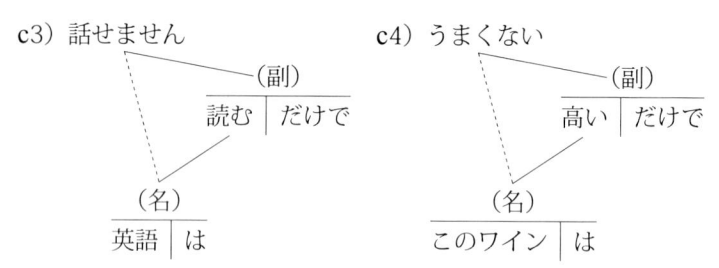

```
        ─(副)─              ─(副)─
     読む│だけで           高い│だけで
    ─(名)─               ─(名)─
    英語│は              このワイン│は
```

c5) あの人とは電話で話しただけだ．（「だけだ」は名詞述語）

c6) すきなだけ食べなさい．（この「だけ」は名詞）

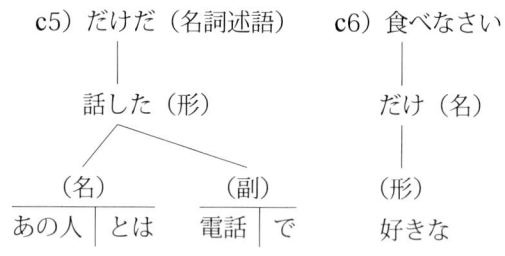

```
   c5) だけだ（名詞述語）    c6) 食べなさい
        │                        │
     話した（形）              だけ（名）
    ┌────┴────┐                  │
   (名)      (副)               (形)
  あの人│とは  電話│で          好きな
```

(d) ばかり：限定

　d1) 父は妹ばかり可愛がる．（名詞に付加）

　d2) 春雄はいつも寝てばかりいる．（動詞の副詞形に付加）

　d3) 強いばかりが男ではない．（形容詞に付加，この「ばかり」は名詞）

　d4) 親に心配ばかりかけている．（名容詞に付加）

　d5) あとは死を待つばかりだ．（「ばかりだ」は名詞述語）

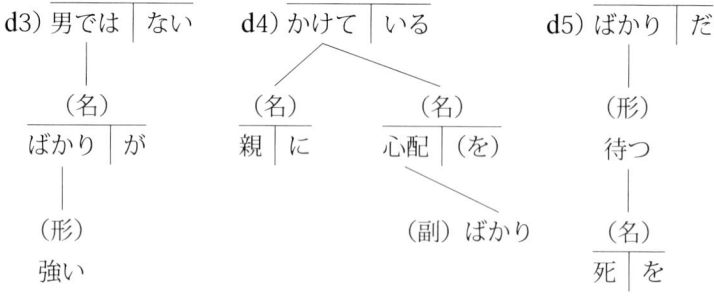

```
d3) 男では│ない    d4) かけて│いる     d5) ばかり│だ
     │                │                     │
    (名)           (名)   (名)              (形)
   ばかり│が       親│に  心配│(を)        待つ
     │                      │                │
    (形)                  (副)ばかり         (名)
    強い                                    死│を
```

(e) きり：限定

　e1) 子供は一人きりです．（名詞に付加）

　e2) 私は葵祭を一度見たきりだ．

第4章　日本語の統語

　　　（動詞に付加しているが,「きりだ」は名詞述語）
e3) もうこれきりにしよう．
　　　（「きり」は最後を意味し名詞と見なされる）

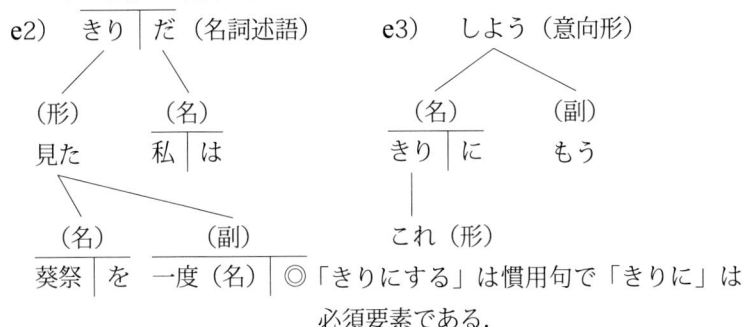

e2)　きり｜だ（名詞述語）　　　e3)　しよう（意向形）
　　　／　　＼　　　　　　　　　　　　／　　＼
　　（形）　（名）　　　　　　　　　（名）　　（副）
　　見た　　私｜は　　　　　　　　きり｜に　　もう
　　／　　　　＼　　　　　　　　　　｜
　（名）　　　（副）　　　　　　　これ（形）
　葵祭｜を　一度（名）　　◎「きりにする」は慣用句で「きりに」は
　　　　　　　　　　　　　　　必須要素である．

「一度」は名詞がゼロ転用体により副詞となる．

(f)　こそ：強意
　f1) 愛情こそ人生で一番大事だ．（名詞に付加）
　f2) この川は深くこそないが,水がきれいだ．（形容詞に付加）
　f3) 笑いこそしなかったが,おかしかった．

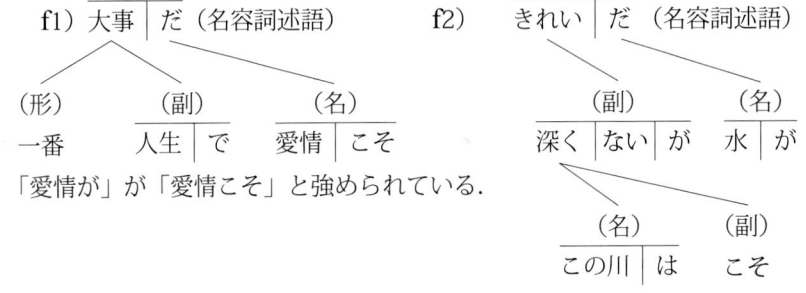

f1)　大事｜だ（名容詞述語）　　f2)　きれい｜だ（名容詞述語）
　／　｜　＼　　　　　　　　　　　　／　　＼
（形）（副）（名）　　　　　　　　（副）　　（名）
一番　人生｜で　愛情｜こそ　　　　深く｜ない｜が　水｜が
　　　　　　　　　　　　　　　　　／　　　　＼
「愛情が」が「愛情こそ」と強められている．
　　　　　　　　　　　　　　　　　（名）　　（副）
　　　　　　　　　　　　　　　　この川｜は　こそ

(g)　さえ：例示
　g1) 新聞さえ読んではいられない．（名詞に付加）
　g2) 軽くさえあれば,それで結構です．（形容詞に付加）
　g3) 健康でさえあれば,何もいりません．
　g4) 父が帰りさえすれば,すぐに分かることです．（動詞に付加）

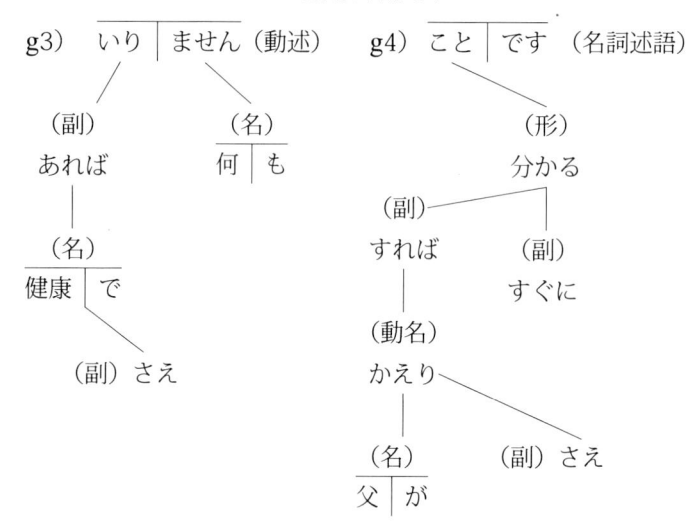

```
g3) いり｜ません（動述）    g4) こと｜です（名詞述語）
      │    │                         │
     （副） （名）                   （形）
    あれば  何｜も                  分かる
      │                        （副）  │
     （名）                    すれば （副）
    健康｜で                     │   すぐに
         │                     （動名）
        （副）さえ               かえり
                                  │
                                （名）  （副）さえ
                                父｜が
```

「かえり」は動詞「かえる」の語幹名詞で，動作主「父が」を支配する．「さえ」は「かえり」を修飾する．「かえりさえすれば」は動詞「分かる」に従属する．この「分かる」は形容詞化していて名詞の「こと」に支配される．また，左の文では，「何も」は否定の「ません」にかかっている．「あれば」は動詞「ある」の，「すれば」は動詞「する」の条件形．

(h) でも：条件

　　h1) お茶でも飲みたい．（名詞に付加）
　　h2) 新聞は机の上にでもおいてください．（名詞句に付加）
　　h3) 少しでもまけてください．（副詞に付加）
　　h4) 赤ちゃんにかぜをひかれでもしたら，たいへんだ．（動詞に付加）

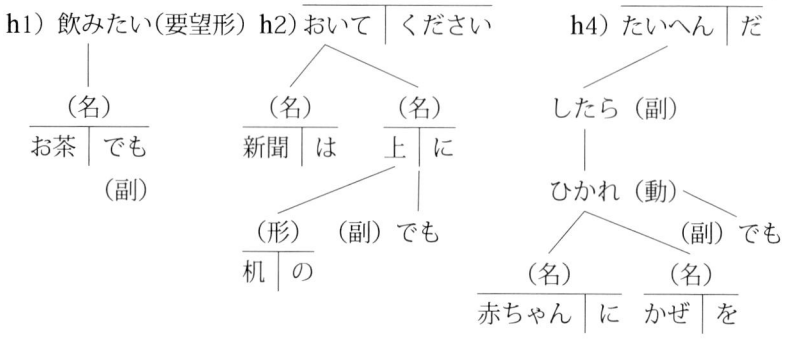

```
h1) 飲みたい（要望形）  h2) おいて｜ください      h4) たいへん｜だ
       │                    │                         │
      （名）              （名）    （名）           したら（副）
    お茶｜でも           新聞｜は   上｜に              │
       （副）                        │              ひかれ（動）
                              （形） （副）でも          │
                              机｜の                  （副）でも
                                                （名）   （名）
                                              赤ちゃん｜に かぜ｜を
```

122

「お茶が」の格助詞「が」に副詞の「でも」が入れ替わっている．h2）の例では，「でも」は名詞句「上に」にかかっている．h4）の例の「でも」は受動動詞の語幹名詞「ひかれ」に従属する．「したら」は「した」の条件形．

(8) 疑問文と否定文の構造

否定形と疑問形についてはすでに説明しておいた（55～59頁）が，疑問文と否定文の構造について考察してみよう．疑問文には核疑問と結合疑問があるように，否定文にも核否定と結合否定の別がある．

(a) 疑問文の構造

核疑問文は状況項や行為項を疑問代名詞に置き換えたもので，結合疑問文は Yes-No 疑問文とも呼ばれ，与えられた独立文に疑問詞「か」を付けたものである．

(1) 昨日恵美さんはメールを正男君に送りましたか．（結合疑問）

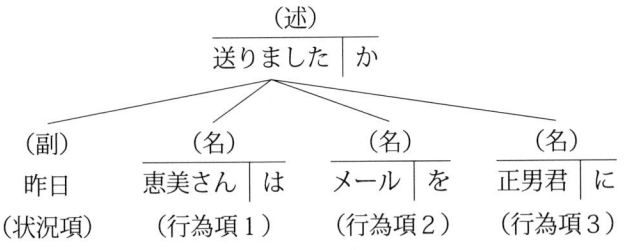

```
                    (述)
                 送りました │ か
         ┌──────────┼──────────┬──────────┐
        (副)        (名)        (名)        (名)
        昨日     恵美さん │ は  メール │ を  正男君 │ に
       (状況項)   (行為項1)   (行為項2)    (行為項3)
```

上の図系により，核疑問を作ると次のようになる．

(1a)「いつ」恵美さんはメールを正男君に送りましたか．
(1b) 昨日「だれが」メールを正男君に送りましたが．
(1c) 昨日恵美さんは「なにを」正男君に送りましたか．
(1d) 昨日恵美さんはメールを「だれに」送りましたか．

これに対し，(1)の結合疑問文では，図系に示された行為の述語「送りました」と下位に並立している「昨日」「恵美さんは」「メールを」「正男君に」との間に結合の関係が成立するかどうか尋ねているのである．要するに，上位の述語が下位の状況項と行為項を支配しているのかどうかを疑問視しているのである．

(b) 否定文の構造

否定文にも，核否定と結合否定の2種類がある．

(2) 昨日恵美さんはメールを正男君に送りませんでした．

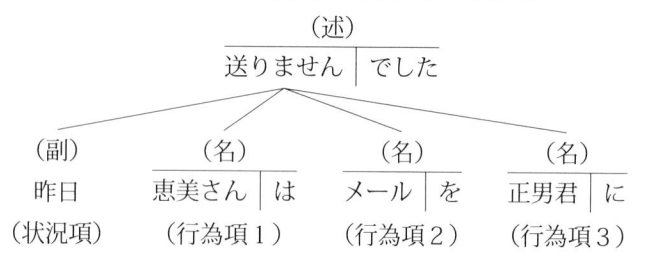

```
                    (述)
              ┌─────────────┐
              送りません │ でした
              ┌────┬────┴─┬──────┐
  (副)      (名)      (名)       (名)
  昨日    恵美さん│は  メール│を  正男君│に
 (状況項) (行為項1) (行為項2)  (行為項3)
```

核否定は，各状況項と行為項に疑問代名詞に助詞「も」を付けた語形を挿入すると形成される．

(2a)「いつも」恵美さんはメールを正男君に送りませんでした．
(2b) 昨日「だれも」メールを正男君に送りませんでした．
(2c) 昨日恵美さんは「なにも」正男君に送りませんでした．
(2d) 昨日恵美さんはメールを「だれにも」送りませんでした．

結合否定では，否定された述語とそれに支配される状況項および行為項の間に結合関係が成立することを認めている．さらに否定文を疑問化した否定疑問も

(3) 昨日恵美さんはメールを正男君に送りませんでしたか．

上の否定疑問文では，状況項と行為項に「いつも」「だれも」「なにも」「だれにも」を挿入して核否定の疑問文を作ることができる．

(9) 等位の構造

いままでに，名詞句節，形容詞句，副詞句節について考察してきた．これらは支配部の述語を修飾する従属部である．しかし，連続する2つの核述語の間に主従の関係がなく，互いに同等の関係にある場合には等位節が問題となる．等位関係は語や句の間でも成立する．

1) 清と正男は野球を見にいった．
2) お電話もしくはおはがきでお申し込み下さい．

第4章　日本語の統語

1）
```
              (述)
              行った
    ┌──────┬───┴───┐
   (名)───(名)    (副)
    清 と 正男 は  見(名)に
                    │
                   (名)
                   野球を
```

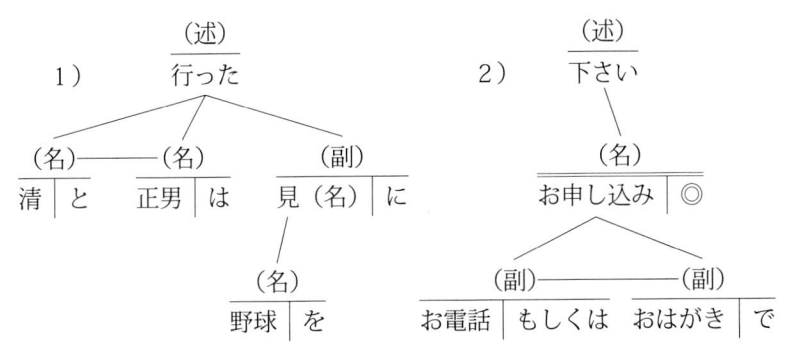

2）
```
         (述)
         下さい
          │
         (名)
         お申し込み ◎
    ┌─────┴─────┐
   (副)────────(副)
   お電話 もしくは おはがき で
```

1）では,「清」と「正男」が同等の資格で等位に連接している．等位の連接は ─ で結ばれる．この場合, 共格の「と」は「清」と「正男」を結びつけているが, 主題格「は」は「清」にも「正男」にも係わっている．なお, 動詞語幹の「見」は名詞化しているが, 動詞の性格も備えているので,「野球を」を支配する．2）の例でも「お電話」と「おはがき」は等位の接続詞「もしくは」により等位の資格で結ばれている．また, 格助詞「で」により先行する「お電話」も副詞化される．なお,「お申し込み」は名詞化されている（授受動詞の用法について参照されたい92頁）．

上の例文における「と」と「もしくは」は英語の等位接続詞 and と or に相当する．これらは同一の品詞語句を結びつけるので転用体ではないから「連接辞」と呼ばれている．これに対し, 従位接続詞の that や because などは転用体である．この後にくる文の品詞を決定する働きがある．

次の例文の連接関係を検討してみよう．

3）山田さんおよび北川さんが県会議員に当選した．

4）夏になると人々は山に海に出かけます．

3）
```
              (述)
              当選した
    ┌──────┬────┴────┐
   (名)─────(名)      (名)
   山田さん および 北川さん が 県会議員 に
```

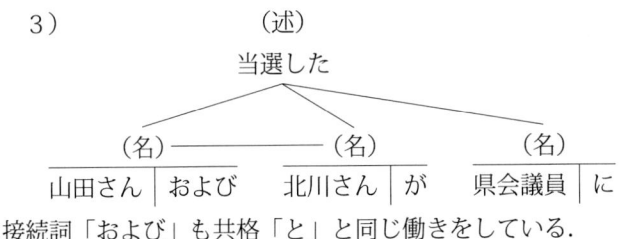

接続詞「および」も共格「と」と同じ働きをしている．

125

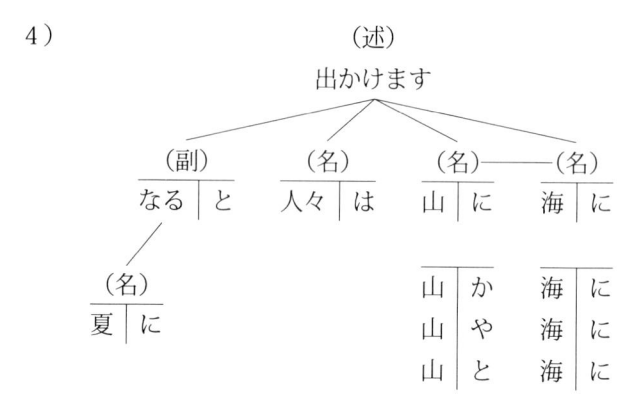

4)
```
              (述)
             出かけます
   ┌──────┬──────┬──────┐
  (副)    (名)   (名)───(名)
  なる と  人々 は  山 に  海 に
   │
  (名)              山 か  海 に
  夏 に             山 や  海 に
                    山 と  海 に
```

上記のように，副助詞「か」「や」も接続詞として用いられる．「山に」「海に」は「句」として等位に結ばれている．次は名容詞述語の例である．

5) 兄は軽率で，弟は慎重だ． 　　6) 兄は軽率だが，弟は慎重だ．

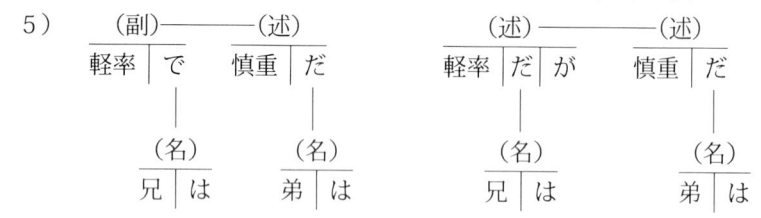

```
5)  (副)─────(述)           (述)─────(述)
   軽率 で  慎重 だ          軽率 だ が  慎重 だ
     │       │                │          │
    (名)    (名)              (名)       (名)
    兄 は   弟 は             兄 は      弟 は
```

「軽率で」は副詞形であるが，「慎重だ」は述語形である．同等の形容詞や名容詞が並ぶときは，先行の語句は副詞形となる．そこで，「兄は軽率で」と「弟は慎重だ」は等位の節と考えられる．ただし，これら2つの節が内容的に対立すると見なされると，終助詞「が」が用いられる．そこでこれら2つの述語は等位線で結ばれる．しかし，次の表現では，

6) 兄は軽率だ．だが，弟は慎重だ．

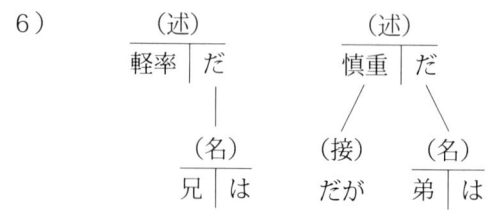

```
6)   (述)         (述)
    軽率 だ       慎重 だ
      │            │
     (名)  (接)   (名)
     兄 は  だが  弟 は
```

2つの文「兄は軽率だ」と「弟は慎重で」という2つの文が並列し，後ろの文には接続詞「だが」が付加されている．次は形容詞述語の例である．

7a）沖縄は物価が安く，人情が厚い．
7b）沖縄は物価が安くて，人情が厚い．
7c）沖縄は物価が安いし，人情が厚い．
7d）沖縄は物価が安い．そして人情が厚い．

「安く」は副詞形で「厚い」と対比している．「安くて」では，付加の接続助詞「て」が付き，「安いし」は並列の接続助詞「し」が付加されている．7a）7b）7c）はいずれも等位の節を含むと考えられる．（7d）は別な2つの文が連続し，後ろの文には接続詞「そして」が文頭に置かれている．次は動詞述語の例である．

8a）美也子は正男に電話をかけ（それから）会いに行った．
8b）美也子は正男に電話をかけて，（それから）会いに行った．
8c）美也子は正男に電話をかけてから，会いに行った．

「電話をかけ」では，「かける」という動詞が名詞化している．「かけて」は，副詞形である．これらは「会いに行く」行為の前に行なわれているが，両者は等位の節と見なされる．「かけてから」は「かけた後で」を意味し時の副詞句と解釈される．

（8a）

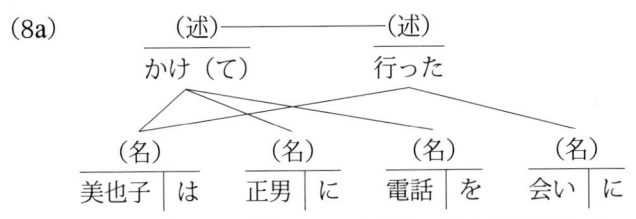

	（述）	（述）
	かけ（て）	行った

（名）	（名）	（名）	（名）
美也子 は	正男 に	電話 を	会い に

述語の「かけ（て）」と「行った」は等位の節と解釈される．

（8c）

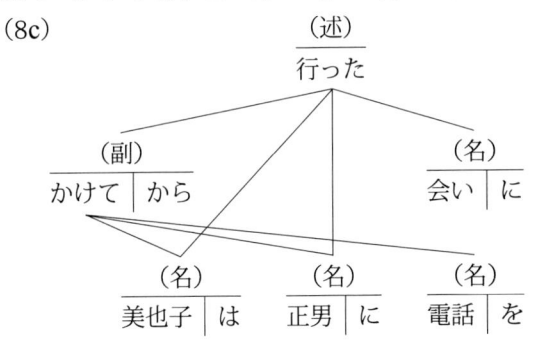

（述）
行った

（副）	（名）
かけて から	会い に

（名）	（名）	（名）
美也子 は	正男 に	電話 を

「美也子は正男に電話をかけてから」は副詞句で，主節の「美也子は正男に会いに行った」に従属する．

9a）美也子は大学に合格し，正男は合格しなかった．
9b）美也子は大学に合格したが，正男は合格しなかった．
9c）美也子は大学に合格したのに，正男は合格しなかった．
9d）美也子は大学に合格した．しかし，正男は合格しなかった．

9a）の「合格し」は動詞語幹の中止形で，次の節と等位の関係にある．9c）の「合格したのに」は譲歩の副詞節である．

9a）9b）

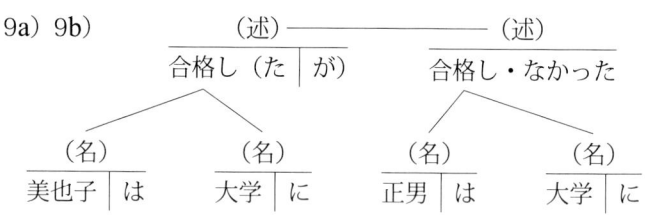

```
           （述）――――――――（述）
       合格し（た｜が）        合格し・なかった
        ／      ＼              ／      ＼
      （名）   （名）         （名）   （名）
    美也子｜は 大学｜に       正男｜は  大学｜に
```

「美也子は合格し（たが）」は「正男は合格しなかた」と対立する意味で等位節をなしている．

9c）

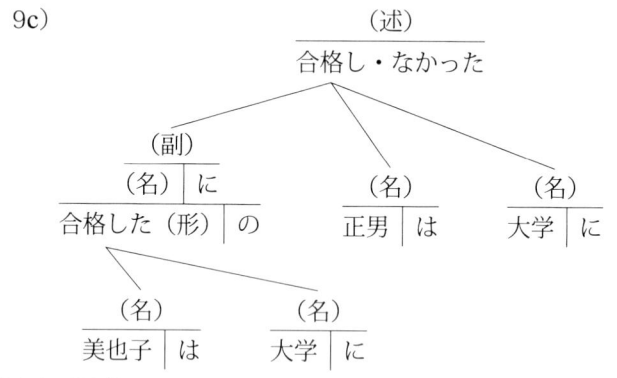

```
                      （述）
                   合格し・なかった
                 ／      ｜       ＼
              （副）              
           （名）｜に    （名）    （名）
         合格した（形）｜の  正男｜は  大学｜に
            ／      ＼
          （名）   （名）
        美也子｜は 大学｜に
```

譲歩句「合格したのに」は形式名詞「の」を用いて名詞化し，これに格助詞「に」がついて副詞化している．譲歩の副詞句を参照されたい（72頁）．

9d）美也子は大学に合格した．だが，正男は大学に合格しなかった．
上の文例は2つの独立文が並列したもので，接続詞「だが」は後行の文の頭位におかれている．

10a）先生は生徒を公園に連れていき，そこで遊ばせた．

10b）先生は生徒を公園に連れていって，そこで遊ばせた．

10c）先生は生徒を公園に連れていった．そして，そこで遊ばせた．

「連れていき」は動詞語幹の中止形で，「遊ばせた」と等位の関係にある．副詞形の「連れていって」も同様である．10c）では，「連れていった」で文が終っている．次の文は接続詞「そして」で始まっている．

11a）冬山は危険だから，気をつけなさい．

11b）冬山は危険だ．だから，気をつけなさい．

「危険だ」は述語形で，これを名詞化して格助詞「から」が付いた「危険だから」は原因の副詞節を導いている．11b）の文の接続詞「だから」は次の文の頭位に付加されている．

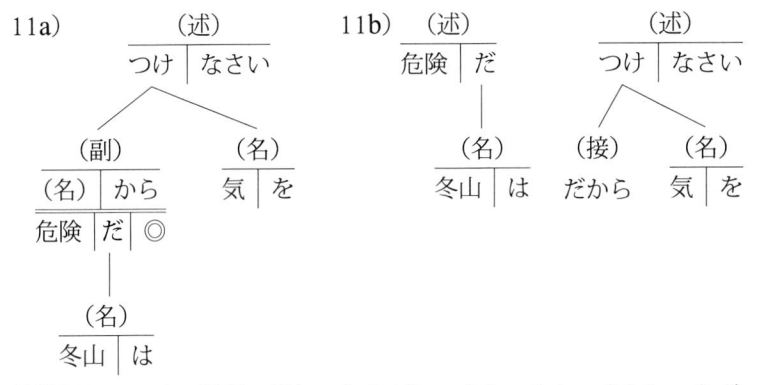

11a）
```
         （述）
       つけ │ なさい
       ／    ＼
     （副）   （名）
  （名）│から  気 │を
  危険│だ ◎
       │
      （名）
     冬山 │ は
```

11b）
```
    （述）              （述）
  危険 │ だ           つけ │ なさい
    │              ／    ＼
   （名）       （接）     （名）
  冬山 │ は    だから    気 │ を
```

接続詞としては，並列・累加：ならびに，また，なお，それに，など．選択：もしくは，または，あるいは，など．順当な結果：したがって，よって，そこで，など．反対の結果：しかしながら，ところが，だが，ただし，などがある．

以上で接続助詞による従属部を含む構造と等位部を含む構造を紹介した．**格助詞と接続助詞は先行する部分の品詞を決定する転用体として働く**が，副助詞と接続詞は先行する部分の品詞に関与しないから，転用体ではない．

⑽ 図系作成の手順

ここに文の図系，すなわち統語構造を作成する手順をまとめておこう．

1）述語の決定：普通文末にあって図系の中で中心核となる部分が動詞述語，形容詞述語，名容詞述語，名詞述語のいずれであるかを決定すること．

(a) 動詞述語をとる場合は，文を形成するのに必要な述語動詞が支配する名詞（行為項）の数により，1項，2項，3項に分類される．なお，その他の名詞句や副詞句は状況項として動詞に従属する．こうした述語が名詞句を支配する関係は結合線により表示される．

述語が支配する行為項は「名詞＋格助詞」の構造をなすので，どのような格助詞をとるのかをパターン化して，各述語の文型をとりだすことができる．「正男君ハ頭ガ切れる」という文例から，述語「切れる」は「〜ハ〜ガ」の文型をもつことになる．

1）1項動詞：地球ハ自転する．太陽ガのぼる．
2）2項動詞：正男君ハ頭ガ切れる．若山牧水ハ旅ヲ愛した．この靴ハぼくの足ニ合う．
正男ハ夏子ト結婚した．アメリカハイギリスカラ独立した．
3）3項動詞：直子ハ目ガ希望ニ輝いていた．直子ハ額ニ汗ガ出た．
政府ハ旧法ヲ新法ニ変えた．久雄ハ友人ニ金ヲ借りた．
泥棒ハ金庫カラ金ヲ盗んだ．子供ハ母親ニしらないト答えた．

動詞の文型については，小泉（2007）を参照されたい．

(b) 形容詞述語：形容詞述語の場合にも，1項，2項，3項の別がある．
1項形容詞：海ハ広い．風ガ強い．
2項形容詞：象ハ鼻ガ長い．おばあさんハ孫ニ甘い．
長崎ハ江戸カラ遠い．犬ハ猫ヨリ大きい．
3項形容詞：馬ハ牛ヨリ足ガ早い．

(c) 名容詞述語：名容詞述語は形容詞述語とは文型においても共通している．
1項名容詞：海ハ雄大だ．風ガ強烈だ．
2項名容詞：河馬ハ体ガ頑丈だ．若者ハ流行ニ敏感だ．

第4章　日本語の統語

　　3項名容詞：もぐらの巣ハ外敵カラ安全だ．犬ハ猫ヨリ忠実だ．
　　　　　　　牛ハ馬ヨリ動きガ鈍重だ．
　形容詞と名容詞の文型については，小泉（2007）を参照されたい．
　(d)　名詞述語：地球ハ太陽系の惑星だ．名詞述語は主格もしくは主題格を取る名詞を支配する（地球ハ）．名詞述語自体が形容詞語句を受ける（太陽系の）．
　　2）形式名詞を用いる場合：形式名詞「こと」「の」や名詞「よう」「つもり」などの前に形容詞語句を立てて名詞句を作る．この名詞句に格助詞を付加して「副詞句」を形成する．
　春子は泳ぐことができない．「泳ぐ」（形容詞）＋「こと」→（名詞句），「泳ぐこと」（名詞句）＋格助詞「が」→「泳ぐことが」（主格の名詞句）．これが主題格の名詞句「春子は」と組んで「～は～ができる（できない）」という文型を作る．
　恵美は頭が痛かったので会社を休んだ．「頭が痛かった」（形容詞句）＋「の」→（名詞句），「頭が痛かったの」（名詞句）＋格助詞「で」→「頭が痛かったので」（理由の副詞句）
　恵美は頭が痛いのに会社へでかけた．「頭が痛い」（形容詞句）＋「の」→（名詞句），「頭が痛いの」（名詞句）＋格助詞「に」→「頭が痛いのに」（譲歩の副詞句）
　ただし，「恵美は頭が痛かったから会社を休んだ」では，「頭が痛かった」は形容詞述語文で，これが名詞化したと解釈した．そこで，この名詞節に格助詞「から」が付加されて原因の副詞節「頭が痛かったから」が構成されていると見なした．
　正男は試験に合格するように勉強した．「試験に合格する」（形容詞語句）＋「よう」（名）→「試験に合格するよう」（名詞句）＋格助詞「に」→「試験に合格するように」（目的の副詞句）．
　正男は恵美と結婚するつもりで貯金をした．「恵美と結婚する」（形容詞句）＋「つもり」→（名詞句）＋格助詞「で」→「恵美と結婚するつもりで」（意図の副詞句）．
　また，名詞述語もしくは名容詞述語が形容詞語句をとることがある．

恵美さんはここに来るはずです．形容詞「来る」が名詞の「はず」を修飾している．
「来る」（形容詞）＋名詞「はず」→「来るはずだ」（当然を表わす名詞述語）．

　３）形式名詞「の」「もの」「こと」などを含む名詞述語や名容詞述語による慣用語句の構造を調べることも大切である．

　すでに，この章で扱ったが，「〜したのは〜だ」という形式をもつ強調構文や傾向，道理，述懐を表わす「ものだ」，事実を伝える「ことだ」，可能性や経験を述べる「ことがある」，必要，習慣，伝聞を意味する「ことがない」「ことにする」「ことだ」などがある．こうした慣用語句に含まれた形式名詞の前には形容詞語句が立つ．

　「美人コンテストで優勝したのは亜沙子さんだ」という強調構文では，「美人コンテストで優勝した」という形容詞語句が形式名詞「の」を修飾している．

　「わたしは３回ロンドンへ行ったことがある」という経験を表す表現では，「３回ロンドンへ行った」という形容詞語句が形式名詞「こと」を修飾して「名詞句」を作り，これに格助詞「が」が付いて存在するもの，すなわち経験を意味している．「わたしには〜がある」は所有構文を組んでいる．こうした慣用語句の構文分析を解明する仕事が残されている．

練習問題（日本語の統語）
　次の文や句の図系を与えなさい．
１．述語形
　(1)　人間は万物の尺度である．
　(2)　子供は人参が嫌いだ．
　(3)　春子はテーブルの上にコーヒーをおいた．
　(4)　夏子は箱から指輪を取り出した．
　(5)　秋子はピアノの練習をしている．
２．形容詞語句
　(1)　廊下で友人と話しをしている娘さん　　(2)　犬を連れた婦人
　(3)　監督に叱られている選手

第4章　日本語の統語

3．恩恵的助動詞
(1) 恵美は山田先生に英語を教えてもらった．
(2) 真紀は正男にコンサートの場所を教えてやった．

4．形式名詞や名詞を使った文
(1) 直子は夫が帰ってくるのを待った．（の）
(2) 小学生から日本語文法を教えることが大切だ．（こと）
(3) 君がこのことを知らないはずがない．（はず）
(4) 恵美さんはここへ来るはずだ．（はず）
(5) 恵美さんはここへ来るにちがいない．（ちがいない）
(6) 日本語にも英語にも通用する文法用語を使う必要がある．（必要がある）
(7) 文法が分からない（ので，から，ために）みなが困っている．
(8) 良男が待っていたのに，佳代子は来なかった．（のに）
(9) 武男はおくれないように学校まで走った．（ように）
(10) 語形変化表はすべての変化形を含んでいなければならない．（ならない）
(11) 美和子さんは心配して電話をかけて来たのですよ．（のだ）
(12) 私は3度パリへ行ったことがある．（こと）
(13) 剣道で優勝したのは武田君だ．（強調構文）
(14) こんなことは子供でも知っている．（でも）
(15) どんなに努力してもうまくいかなかった．（ても）
(16) むかしは話しながら食べるのは失礼とされていた．（ながら）
(17) わたしはこれからも言語の研究をつづけるつもりです．（つもり）
(18) これから21世紀の文法をみんなで作ろうではないか．（ではないか）
(19) 富士山には月見草がよく似合う．（似合う）（太宰治，富岳百景）
(20) 踊子と間近に向かい合ったので，私はあわてて煙草を袂から取り出した．（ので）

　　　　　　　　　　　　　　　（川端康成，伊豆の踊子）

第 5 章　日本語の意味と語用

　まず意味論には語の意味を分析する部門と文の意味を扱う部門とがある．

1．意味論的分析
(1)　語の意味分析
1）意味成分

　意味論では，意味の究極的単位として「意味成分」を設定している．例えば，意味成分として「人間」「男性」「成人」という単位を認めておき，この成分をもつものをプラス（＋），もたないものをマイナス（－）で表わせば，英語では次のような 4 つの語を意味的に区別することができる．

　Man［＋人間］［＋男性］［＋成人］
　Woman［＋人間］［－男性］［＋成人］
　Boy［＋人間］［＋男性］［－成人］
　Girl［＋人間］［－男性］［－成人］

　すなわち，Boy は「人間で成人していない男性」ということになる．

　日本語では，「男」は［＋人間］［＋男性］の成分をもっているが，［±成人］の成分を欠いている．同じように「女」は［＋人間］［－男性］の成分を保有している．そのため，

　「男の子」は「男」（［＋人間］［＋男性］）と「子」（[－成人］）の成分に分かれる．

　「女の子」は「女」（［＋人間］［－男性］）と「子」（［－成人］）の成分に分かれる．

　このように，いくつかの意味成分が集まって「語彙」を形成するのであるが，こうした語彙化は言語によって，意味成分のまとめ方が異なってい

る．さらに意味成分が増えればそれだけ識別される語彙の数は増えてくる．「既婚」という意味成分を認めると，つぎのように，「おっと」と「つま」という語が識別される．

「夫」は［＋人間］［＋男性］［＋成人］［＋既婚］
「妻」は［＋人間］［－男性］［＋成人］［＋既婚］

そこで，「夫」と「妻」は［±男性］の成分以外は共通である．だから，1つの意味成分を除いて他の意味成分を共有する「夫」と「妻」のような語を「反意語」と呼んでいる．

また，「娘」は［＋人間］［－男性］［－既婚］の意味成分をもっている．「女の子」の意味成分と共通するところが多い．そこで「娘」と「女の子」は同じ状況で用いられる．この場合は「同意語」と見なされる．ただし，「娘」は「親族」という成分を含むことがある．

(1)　私の会社には女の子が3人います．（［－親族］）
(2)　私の家には娘が2人います．（［＋親族］）

2）含意

「女」の意味成分であるが，「男」に対する「女」は［＋人間］［－男性］の意味特徴をもつが，「夏子もおんなになった」という表現における「おんな」は，成人した女性を意味するから，［＋人間］［－男性］［＋成人］という意味成分をもつことになる．さらに，「田中さんにはおんながいる」という言い方は「愛人」を意味するので，さらに「愛人」という意味成分が必要となる．ただし，「愛人」という意味成分が認められるかどうかについては，さらなる検討が必要となる．このように同一の語彙も用いられる文脈の中で意味合いが異なってくる．そこで，付加される意味成分を含意と呼んでいる．「女の子」と「娘」という語における意味的相違は［±親族］という意味成分の付加にかかわっている．これが含意に相当する．

3）内部形式

それぞれの言語が特有の意味領域をもっている．この意味領域をデンマークの言語学者イェルムスレウは「内部形式」と呼んでいる．

(3a)　There is a tree in front of the house.「家の前に木がある」
(3b)　This box is made of wood.「この箱は木でできている」

(3c)　There is a wood near the house.「家の近くに森がある」

　上の例文における英文の日本語訳から，次のような意味のずれが見られる．

（英語）	（日本語）
Tree	木（き）
Wood	森（もり）
Forest	

　英語の tree は日本語の「立ち木」に相当し，英語の wood は日本語の「木材としての木」を意味する．さらに，英語には「大きな森」を意味するフランス語から借用した forest が存在する．

　このように，英語の wood は，日本語における「樹木」と「木材」に相当する意味領域をもっている．こうした意味領域の食い違いを内部形式の相違と呼んでいる．

　また，反意語の対立においても内部形式の相違が見られる．

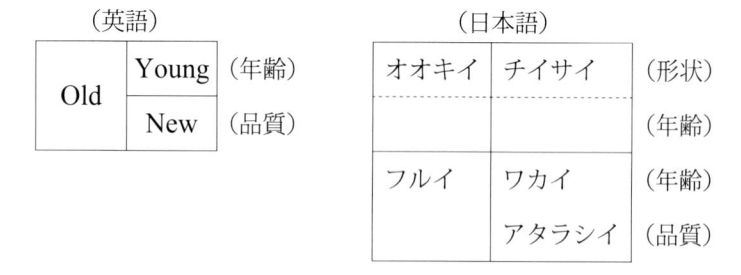

（英語）

Old	Young	（年齢）
	New	（品質）

（日本語）

オオキイ	チイサイ	（形状）
		（年齢）
フルイ	ワカイ	（年齢）
	アタラシイ	（品質）

　英語では，Old に対する反意語は，年齢ならば Young「ワカイ」，品質ならば New「アタラシイ」となる．日本語における対応は複雑である．年齢の部分で，子供については「オオキイ」に対する反意語は「チイサイ」であるが，大人になると「フルイ」に対し「ワカイ」となる．

（4a）　春子は夏子より３つオオキイ．（−成人）
（4b）　春子さんは夏子さんより３つワカイ．（＋成人）

　こうした内部形式の食い違いから，ある言語における１つの意味領域が他の言語では複数の領域に分割されるという現象が起こる．ここに日本語と英語の間に見られる内部形式の対応例を挙げておく．

第5章 日本語の意味と語用

（日本語）	（英語）
カク	Write [ɹaɪt]〈書〉
	Draw [dɹɔ:]〈描〉
	Scratch [skɹætʃ]〈搔〉

（日本語）	（英語）
人生	Life [laɪf]
生命	
生活	

　日本語の動詞「カク」の意味領域は「書く」「描く」「搔く」の意味領域をカバーしている．これらはそれぞれ英語の 'Write', 'Draw', 'Scratch' の意味領域に対応しているように見えるが，実はそうではない．〈書〉〈描〉〈搔〉はいずれも漢字で，漢字は千年前に唐から輸入した文字である．だから，漢語の〈書〉「ショ」，〈描〉「ビョウ」，〈搔〉「ソウ」が英語の 'Write', 'Draw', 'Scratch' に相当する意味領域をもっていたのであって，日本語の動詞「カク」はこれらの意味領域をすべて含んでいることになる．

　また，英語の名詞 Life について，日本語は「人生」「生命」「生活」のいずれかに訳し分けしなければならない．このような2つの言語の間における1語対多義の問題は外国語の修得において，おおきな負担となる．

(2) 文の意味構造

　いま，美和子が正男に家族の写真を見せて説明しているとしよう．
「父の横に母がいて，母の前に妹がいるのよ」
この説明は次のような意味内容を伝えている．
「母は父の横にいる」：X は Y の「横にいる」
「妹は母の前にいる」：X は Y の「前にいる」
「横にいる」「前にいる」という表現は，2つの事物 X と Y との間の関係を示している．意味論では，このように「関係を示す」部分を「述語」(Predicate) とし，述語によって結び付けられる事物を「項」(Argument) と呼んでいる．文はこうした述語と項から成り立っているのである．

　アメリカの言語学者　チェイフは，述語の意味特徴として「状態」「過程」「行為」の3種を認め，これらの特徴が項となる名詞を規定すると考えている．

(1) 「状態」は，ある対象物がおかれている状態を示す．

1) 海は広い．2) 風が強い．3) 窓が開いている．4) 直子は学生だ．

上の例文における「広い」「強い」「開いている」「学生だ」はいずれもある状態を示す述語である．なお，「海は」「風が」「窓が」「直子は」は項に相当する．

(2) 過程は，ある状態の変化を示す．

5) 木が倒れた．6) 窓が開いた．7) 風が強まった．

7) の述語の「強まった」であるが，これは次のように形容詞から派生した動詞である．

形容詞「強い」＋始動性「なる」→　自動詞「強まる」

(3) 行為は，ある動作主による行為を示す．

8) 赤ちゃんが笑った．9) 子供たちが走った．

これらの例文における「赤ちゃんが」や「子供たちが」は動作主項である．

(4) 行為・過程は，ある動作主の行為により，対象に状態変化が生じる状況を意味する．

10) 加奈子が窓を開けた．

動作主の加奈子の「開ける」という行為により，「窓が開いた」状態に変化している．

4つの述語のタイプと項との間の関係は次のように図式化される．

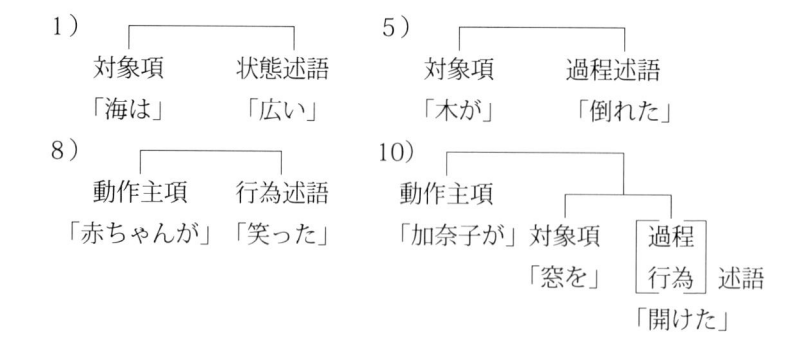

```
1) ┌─────────────┐       5) ┌─────────────┐
   対象項    状態述語         対象項    過程述語
  「海は」   「広い」         「木が」   「倒れた」

8) ┌─────────────┐       10) ┌──────────────────────┐
   動作主項  行為述語          動作主項      ┌過程┐
  「赤ちゃんが」「笑った」     「加奈子が」対象項│行為│述語
                                        「窓を」└──┘
                                              「開けた」
```

138

11) 久雄はメールを加奈子に送った．

上の例文には「過程，行為，恩恵」という特徴が述語に含まれている．

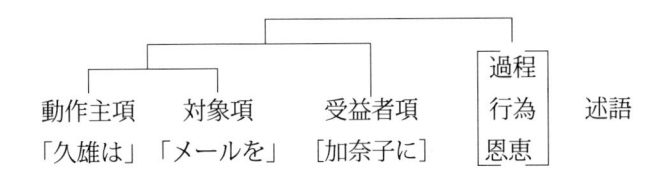

```
動作主項    対象項     受益者項    ┌過程┐   述語
「久雄は」 「メールを」 ［加奈子に］ │行為│
                                 └恩恵┘
```

述語に含まれている［恩恵］という特徴が「受益者項」となって実現している．

また，［状態，恩恵］という意味特徴をもつ述語は have「もつ」，own「所有する」という語彙となって実現すると説明している．なお，［過程，恩恵］は lose「失う」，get「手に入れる」のように語彙化すると述べている．しかし日本語では「所有者のもとに所有物がある」という「所有構文」で「所有」をとらえている．

さらに，チェイフは［経験的］という特徴を認めている．

12) 加奈子はメロンが好きだ．
13) 良男は答えが分かった．
14) 夏子はほたるを見た．

そこで，［状態，経験的］という特徴をもつ述語から「好く」「分かる」のような語彙が，［過程，経験的］という述語から「見る」「聞く」のような語彙が出てくると説明している．

```
12)                              14)
経験者項   対象項   ┌状態 ┐    経験者項   対象項   ┌過程 ┐
「加奈子は」「メロンが」│経験的│   「夏子は」「ほたるを」│経験的│
                   │「好きだ」│                      │「見た」│
                   └(述語)┘                        └(述語)┘
```

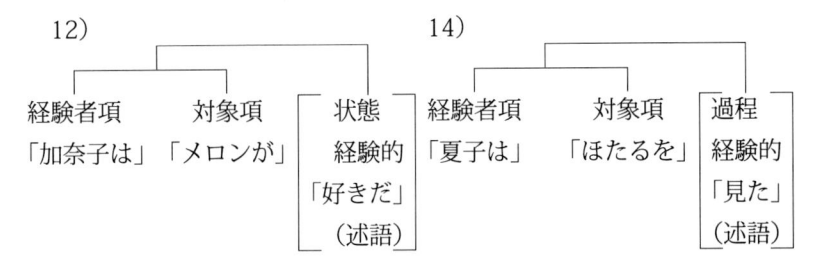

「経験者項」を立てることにより，知覚や感情表現の分析も可能となった．

さらに，チェイフは「述語化辞」というものを設定して，名詞述語と形容詞述語を派生させる方式を提示している．

15）正男は学生だ．（Masao is a student.）
16）加奈子は親切だ．（Kanako is kind.）

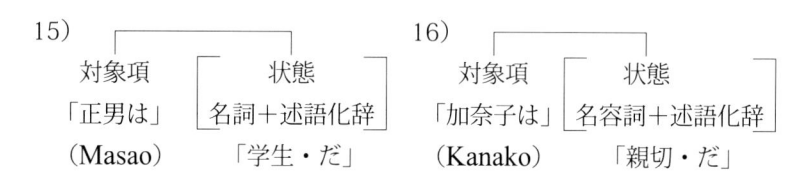

15）　対象項　　　状態　　　　16）　対象項　　　状態
　　「正男は」　名詞＋述語化辞　　　「加奈子」　名容詞＋述語化辞
　　（Masao）　「学生・だ」　　　　（Kanako）　「親切・だ」

日本語では，「述語化辞」は準動詞「だ」に相当するが，英語では，名詞述語（is a student）と形容詞述語（is kind）における be-動詞の 'is' に対応する．このような意味理論から，動詞述語の他に名詞述語と形容詞述語を設定することのできる根拠が提示されている．

1）「マエ」と「ウシロ」の意味分析

空間的な「マエ」と「ウシロ」の意味分析はいままで手掛けられてこなかった．

(1)　家 のマエに 松の木 がある．
(2)　家 のウシロに 松の木 がある．

上の２つの文を次のように図式にまとめることができる．

　(1)　松の木　→　家　→　松の木　(2)

(1) の 松の木は家に向かったある地点（マエ）にある．
(2) の 松の木は家から離れたある地点（ウシロ）にある．
(1) の「家に向かった」は「家を着点とした」を意味する．
(2) の「家から離れた」は「家を起点とした」を意味する．

このように，「あるものの前（マエ）は」あるものを着点としたある地点を，「あるものの後（ウシロ）は」あるものを起点としたある地点を意味する．これらは空間的な前後の定義であるが，「あるもの」を「現在時」に置き換えると，時間的な前後を意味することになる．

2）疑問と否定
(a) 疑問文と前提

　ギリシア神話によると，パンドラ（「すべての贈り物」の意）は諸悪を封じこめた小箱を携えてエピメテウスの許へ嫁に来たが，その小箱を開けたために人類は苦難にさらされることになったと，伝えられている．パンドラは，その箱の中に何かがあると思っていたからこそ，開けたわけで，何もないことを知っていれば，開けはしなかっただろう．「この何かがある」と思うことを「前提」と呼んでいる．疑問文はこうした前提から引き出されるのである．

　（前提）「箱の中に何 か がある」 →　（疑問文）「箱の中に何がある か 」

　上の図のように前提の中にある不定代名詞の「何か」の か を文末に移動させると疑問文になることから，前提と疑問文の関係がよく分かる．これは「核疑問」の形成にかかわる問題である．
　次は下に示したような「結合疑問文」の形成について考えてみよう．
　1）パンドラは小箱をもってきたか．
　意味論では，肯定の「パンドラは小箱をもってきた」と
　　　　　　　否定の「パンドラは小箱をもってこなかった」
という相反する2種の命題があって，相手にどちらの命題を選ぶか尋ねるのが結合疑問文の前提である．なお，命題は「文」と考えておいてよい．
　要するに，肯定文と否定文の内どちらを選択するか相手に問いかけるのが結合疑問文の意味構造である．日本語の結合疑問文の形成を追いかけると次のようになる．
　1a)「パンドラは小箱をもってきたか」それとも「もってこなかったか」
　1b)「パンドラは小箱をもってきた（の）かどうか」
　1c)「パンドラは小箱をもってきた（の）か」
　結合疑問文は文末に疑問の終助詞「か」を付加して表示されるが，論理的に言えば，「肯定命題Ｐかそれとも否定命題〜Ｐか」という選択問題となる．日本語の疑問文の形成を追いかけてみると，たしかに前提となる論理的選択がその背後にひそんでいることが分かる．

それ故に,「いきますか」という疑問と共に,「いきますか,いきませんか」という選択疑問がよく用いられる.

(b) **否定疑問の応答**

否定疑問の応答は,英語と日本では応答の原理が異なる.

英語：Did [Pandra open the casket]？［パンドラは小箱を開けた］か？
　　　Didn't [Pandra open the casket]？「パンドラは小箱を開けなかった」か？

英語では,「パンドラは小箱を開けた」という命題が「真」「ハイ」か「偽」「イイエ」かと尋ねている. とにかく「開ければ」ハイ（Yes, she did),「開けなければ」イイエ（No, she didn't)と反応する. 日本語でも,開ければ「ハイ」,開けなければ「イイエ」となる.

これに対し,「パンドラは小箱を開けなかった」という否定の命題に関する疑問になると,日本語では,

「開けなかった」の否定の方が「真」「ハイ」となり,「開けた」の肯定の方が「偽」「イイエ」となる. これは英語の逆になるが,日本語のような否定疑問の応答原則をもつ言語の数も少なくない.

2. 語用論的分析

文の連続という形の発話は,常にある場面において行なわれる. すなわち,ある言語伝達は,ある状況の中で執り行われる. だから,言語コミュニケーションは発話の意味内容だけでなく,伝達が行なわれている具体的な場面を通して観察されなければならない.

従って,発話の文構造が導き出される字義どおりの意味をなす「表意」（explicture）と,発話とその場面との間の関係から引き出される「推意」（implicature）とがあって,この両面が合体して文全体の意味が構成されていると考える必要がある.

文全体の意味 ｛ 言内の意味（表意）［意味論の研究分野］
　　　　　　　 言外の意味（推意）［語用論の研究分野］

第5章　日本語の意味と語用

　言内の意味とされる表意は意味論により解明できるが，言外の意味，すなわち推意は語用論による研究分野である．

(1) 直示

　言語伝達が行なわれている状況において，直接事物を指し示す表現が「直示」と呼ばれている．「こちらが本物で，こちらが偽物です」という説明では，「こちら」という言葉が2回使われているが，話者が指し示す動作を見なければ，どちらであるか理解できない．

　言葉の宇宙にあっては，話し手を中心とする直示の体系が組み立てられている．

　　話し手は自分を指して「私」（I）と呼ぶ．（人称として）
　　話し手は自分のいる場所を「ここ」（Here）と呼ぶ．（場所として）
　　話し手は自分が話している時間を「いま」（Now）と呼ぶ．（時間として）

　そこで，「私・ここ・いま」（I／Here／Now）が言葉の宇宙の原点をなして，これを基準にして，他の事物の位置や他の事件の発生時間が決定される．

1) 人称

　言語伝達に直接関与しているのは，話し手の1人称と聞き手の2人称である．話し手と聞き手を合わせて「伝達の関与者」と呼ぶ．これに対して，3人称の代名詞は言語伝達の内容にのみ登場する「伝達の非関与者」である．

　そこで，日本語の人称代名詞は次のように分類される．

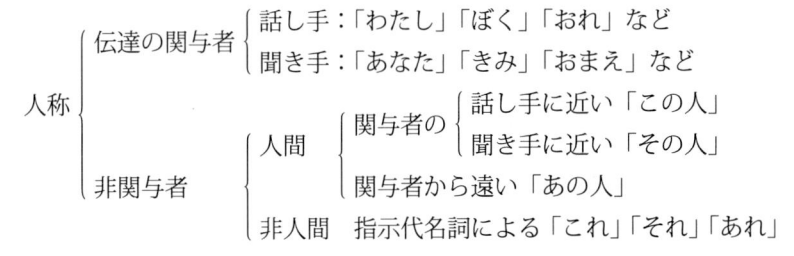

```
       ┌ 伝達の関与者 ┌ 話し手：「わたし」「ぼく」「おれ」など
       │              └ 聞き手：「あなた」「きみ」「おまえ」など
人称 ─┤
       │              ┌ 人間 ┌ 関与者の ┌ 話し手に近い「この人」
       │              │     │          └ 聞き手に近い「その人」
       └ 非関与者    ─┤     └ 関与者から遠い「あの人」
                      └ 非人間　指示代名詞による「これ」「それ」「あれ」
```

1）職場における2人称であるが，会社などでは，役職組と社員のひら組に分かれる．
　社員：課長，書類ができました．（役職で呼ぶ）役職名を「身分語」と呼ぶ．
　課長：山田君，この書類を部長にとどけてくれ．（〜君と名前で呼ぶ）
2）家族内での2人称であるが，年長組と年少組に分かれる．
　家族内では，身分語は親族名称である．

	1親等	2親等	3親等
年長組	おとうさん おかあさん	おじいさん おばあさん おにいさん おねえさん	おじさん おばさん
年少組	息子 娘	弟 妹 孫	甥 姪

年長組は自分のことを親族名称で呼び，年少組に対しては名前で言う．
年少組は年長組を親族名称で呼ぶ．自分のことは人称代名詞で言う．
　（例文）祖母が孫に対して：春子，おばあさん（自分）の肩をもんでおくれ．
　　　　　孫が祖母に対して：春子（わたし）は宿題でいそがしいから，おかあさんに言ってよ．
年の若い女子は自分のことを名前で呼ぶことが多い．（上の例「春子は」）
　　　　　母が息子に対して：弘，おかあさんの所へ新聞を持ってきておくれ．
　　　　　祖母が母に対して：おかあさん（嫁），おとうさん（息子）の帰りは今日も遅いね．
　兄弟姉妹でも，年長組に対しては，「にいさん」「ねえさん」と親族名称で呼ぶ．
　こうした家族構成の序列は，世代交代によりその地位が昇格する．若夫

婦でも，子供が生まれると，相互に「おとうさん」「おかあさん」と呼び合うし，孫が出来ると，「おじいさん」「おばあさん」となる．

　例えば，電車の中で，年配の婦人が子供を連れた若い女性に向かって，「おかあさん，ここの席があいているよ」と指摘する場面がある．自分の娘を「おかあさん」と呼ぶこともありうる．

　ただし，外へ向かっては「祖父」「祖母」「父」「母」と呼ぶ．

　また，最近では「おとうさん」「おかあさん」の代わりに，「パパ」「ママ」と呼ぶ家族が増えてきた．

　とにかく，日本では，成人である相手を，西欧のように，名字でなくその名前で呼ぶことは許されない．相手を名前で呼べるのは，相手の両親や祖父母，あるいは親戚の年長者に限られる．相手を指す2人称であるが，年長者に対しては「あなた」とは言えない．学校の教師，弁護士や医者に対しては「せんせい」．会社員には，役職名「課長さん」．夫婦なら夫が妻を「お前」，妻が夫を「あなた」と呼ぶことが多い．ただし，若い世代には，互いに名前で呼び合う者がいる．職業で言うこともある：「さかなやさん」「やおやさん」「だいくさん」「かんごふさん」「おまわりさん」など．一般人に対しては：「ごしゅじん」「おじさん」など．女性に対しては：「奥さん」（既婚の女性），「おじょうさん」（未婚の女性），「おばさん」など．子供に対しては：「ぼうや」（男子），「おじょうちゃん」（女子）．

　3人称では，「あの人」「あの女の人」「こちらの方」などの言い方が普通で，「彼」「彼女」は「恋人」や「交際相手」を指す．

2）空間の直示

　日本語では，「これ」「それ」「あれ」の3項からなる指示代名詞が使用されている．

　佐久間鼎（1943）は次のように分析している．

　［近称］「これ」は話し手の領域内にあるものを指す．

　［中称］「それ」は聞き手の領域内にあるものを指す．

　［遠称］「あれ」は話し手と聞き手の領域外にあるものを指す．

　例えば，歯医者と患者との間の会話であるが，

　　（歯医者）「コノ」歯が痛いですか．

(患者)「ソノ」歯は痛くありません．

患者の言う「ソノ」歯は自己の肉体でありながら，医者の領域に入っていることを認めているし，患者の歯でありながら，歯医者も「コノ」と言って，自分の勢力領域にあることを認めている．こうした指示詞体系を「人称型」と称する．

(a) **人称型指示詞**

いま，話し手と聞き手の領域に［＋関与者］，それ以外の領域に［－関与者］の特徴を認めると次のような人称型の指示体系が組み立てられる．

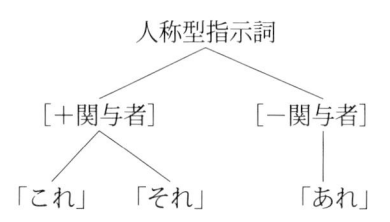

```
            人称型指示詞
           /          \
      ［＋関与者］   ［－関与者］
       /    \           |
   「これ」 「それ」    「あれ」
```

a1) 君が読んでるソノ本は面白いですか．
a2) 僕が読んでいるコノ本は面白い．

こういう人称型の指示体系に対し，「遠近型」の指示体系がある．

(b) **遠近型指示詞**

b1) ソコの角ではなく，アソコの角を右へ曲がると駅へ出ます．

上の例文では，話し手と聞き手が同じ地点に立っているから，両者は対立した領域をもってはいない．両者のいる地点からの距離の「遠近」により「ソコ」と「アソコ」が区別されている．

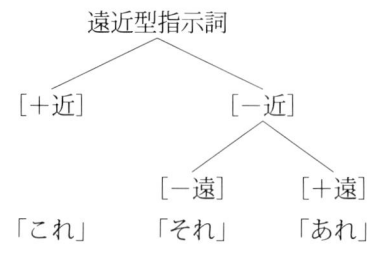

```
         遠近型指示詞
         /        \
      ［＋近］   ［－近］
                  /    \
              ［－遠］ ［＋遠］
    「これ」  「それ」  「あれ」
```

まず，話し手に近い［＋近］と近くない［－近］と分け，［－近］の中

でさらに［＋遠］と［−遠］に分かれる．英語では，「ここ」(here)，「そこ」(there)，「あそこ」(over there) のような「遠」と「近」の対立が見られる．

日本語では，「人称型」と「遠近型」が用いられている．なお，「これ」「それ」「あれ」の3項の指示代名詞をもつ言語として，ラテン語 (hic, haec, hoc)「これ」，(iste, ista, istud)「それ」，(ille, illa, illud)「あれ」，およびスペイン語（éste, ésta, esto)「これ」，(ése, ésa, eso)「それ」，(aquél, aquélla, aquello)「あれ」などがある．いずれも男性，女性，中性の別をもっている．

これに対し，英語 (this, that) やドイツ語 (dieser, jener) などは「遠」と「近」の区別によっている．

3）時間の直示

歴史的時間ははるか遠い過去に発し，現在を通り，未来へ向かって流れていると考えられている．　　　過去　→　現在　→　未来

だが，未来に来るはずの「あさって」は「明後日」と呼ばれていて，明日の「後」となっている．また，「3日前に」は過去について，「3日後に」は未来について述べている．つまり，過去を「前」，未来を「後」と呼ぶのはなぜであろうか．

時間の直示には，「時間移動型」と「空間移動型」の2種類がある．

(a) 時間移動・空間固定型

いま，時間号という列車が未来から過去へ向かって，現在駅のホームへ入ってきたとしよう．時間号は30両から構成されていて，今日を15日とすれば，われわれは停車した列車の第15両目に乗り込むことになる．

そのとき，第12日号は3両分だけ通りすぎて「前」にある．

第18日号はまだ3車両分だけ「後」に止まっていることになる．

つまり，過去は3日分だけ「前」に，未来は3日分だけ遅れて「後」にあると見なされる．この見方に立てば，時間は「未来」から来て，「過去」へ向かって去っていくことになる．だから「過去」は過ぎ去った時間であり，「未来」は「いまだ来ていない」時間である．「来年」は来る年であり，「去年」は去った年である．いみじくも唐の詩人李白は，

「それ天地は万物の逆旅，光陰は百代の過客」（古文後集）と歌っている．天地（空間）は万物の逆旅（ホテル）であり，光陰（時間）は常に過客（旅客）にすぎないという見解は，まさに空間が固定し，時間が移動しているという考え方に立っていることになる．

(b) **空間移動・時間固定型**

先の見方に対し，時間が固定していて，空間の方が移動するという見方もある．これは空間号という列車が固定した時間駅を次々と通過しているのに似ている．「きのう」駅を後にして24時間たち，現在「きょう」駅を通過している．行く手には「あす」駅が，その先に「あさって」駅が連なっている．

このように，未来が「サキに」（前に），過去が「アト」（後に）来るという空間移動の表現として，「アト（過去）サキ（未来）の考えもなく」とか「運動会を3日サキに控えている」という言い方がある．

『方丈記』の作者鴨長明は「いず方より来たり，いず方へか去る」と述べているが，人間はいずれかの過去からやって来て，いずれかの未来へ向かって去っていくという観照は，空間移動・時間固定の見方を代弁している．

また，同じ未来が逆向きの2通りの見方で表現されることもある．

「今後よろしくお願いします」（時間移動型）

「これから先どうしよう」（空間移動型）

(c) **時間の流れる方向**

時間が未来に向かうにしろ，過去に向かうにしろ，その流れる方向は前後からなる水平移動である．しかし，中国語では，先月を「上月」，来月を「下月」と称する．中国語の「上」shàng は「のぼる，いく」を，「下」xià「おりる」「くる」を意味する．日本語の「上京」や「下校」もこうした用法を借用したものである．中国語では，過去が上にあり，未来が下に位置していて，時間は垂直移動で上から下へと流れるという見方に立っている．

(d) **時間の表現**

英語では，now「いま」は話し手の発話時を指すが，then の方はそれ以

第5章 日本語の意味と語用

外の時間を示す.

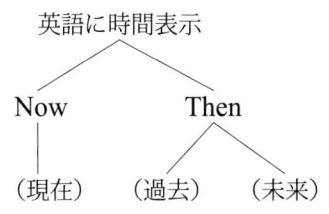

```
        英語に時間表示
        /          \
      Now          Then
       |          /    \
     (現在)    (過去)  (未来)
```

　こうした時間表示に対して，日本語訳として，「コノ時」「ソノ時」「アノ時」の3通りが考えられる．とにかくこうした時間表示には「一方知識」と「共有知識」の有無がかかわっている．

　d1）子供「1964年に東京オリンピックがあったけれど，ソノ時お父さんはいくつだったの」
　　（一方知識）

　d2）「ソノ時お父さんは小学生だったけれど，アノ開会式はすばらしかったよ」
　「ソノ時」は一方知識であるが，「アノ開会式」は回想として語られている．

　d3）妻「もうすぐ結婚記念日ね．結婚式から20年たつわ」
　　　夫「アノ時は桜が満開だったな」（共有知識）

　d4）春子「来月クラス会があるわ．ソノ時またお会いしましょう」（未来）

　未来については「ソノ時」となる．

　d5）「ペリーの艦隊は下田に停泊していた．ソノ時（コノ時）吉田松陰は密航を企てた」

　歴史的事件は「ソノ時」として一方知識の形で報告される．「コノ時」とすることもできる．このように，事件を主観的に話し手の領域に引き込み，興味と実感を高めることができる．

　以上から，日本語における時間表現を次のようにまとめることができる．

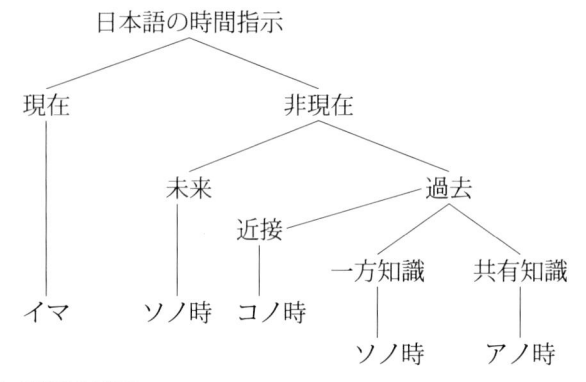

```
          日本語の時間指示
         /              \
       現在             非現在
        |              /      \
                    未来       過去
                    |         /    \
                   近接   一方知識  共有知識
        |          |  |      |        |
       イマ      ソノ時 コノ時  ソノ時    アノ時
```

4）談話の直示

　会話の形でやりとりされる文の集まりを「談話」（discourse）と言うが，談話の中で用いられる指示詞は特有の用法に従っている．

　4a）ゆうべ君の同級生という人に会ったよ．ソノ人は君のことをよく知っていたよ．

　　　（聞き手には，同級生と言ってもだれだか分からない）

　4b）きのうの会合で話しかけてきた人がいただろう．アノ人にまた会ったよ．

　　　（聞き手も知っている人物）

　日本語では，上の例文のように，聞き手の知識を考慮に入れて指示詞が使い分けられている．

　その人：話し手だけに分かっていて，聞き手の知らない人物を指す．（一方知識）

　あの人：話し手の聞き手も知っている人物を指す．（共有知識）

　日本語の「あの」は話し手も聞き手も知っている事物を指す．「その」は話し手か聞き手の一方が知っている事物を指す．

5）社会的直示

　話し手の社会的身分を基にして，聞き手，および話題の人物の社会的地位の比重を判定して，その差を語形に反映させるのが「敬語」（honorific）である．敬語はどこまでも話し手の身分が中心となるので，直示体系の中で扱うことにした．

第5章　日本語の意味と語用

日本語の敬語には次の3種類がある．
- (a) 聞き手に対する敬語：聞き手敬語
- (b) 話題の人物（指示者）に対する敬語：指示者敬語
- (c) 発話の場面に関する敬語：場面敬語

(1) 次に4つの敬語を比較してみよう．

5a) 先生が来た．
5b) 先生が来ました．（聞き手敬語）
5c) 先生がお見えになった．（指示者敬語）
5d) 先生がお見えになりました．（指示者敬語＋聞き手敬語）

　1) 聞き手敬語は，聞き手に対し敬意を表わすもので，「デス，マス」の丁寧形を用いる．

　2) 指示者敬語は話題の人物に対する尊敬の念を表わす語形で，次の2つの立場がある．

　(a) 指示者の行為や状態について敬意を払う「指示者本位」の敬語表現として「お～になる」「ご～になる」の語形をとる．

　⑴ 先生は論文をオ書キニナッテいる．（書く → オ書キニナル）（和語系）
　⑵ 先生は日本語文法をゴ研究ニナッテいる．（研究する → ゴ研究ニナル）（漢語系）

ただし，存在の「いる」や往来の「いく」「くる」が敬語化されると，「オイデニナル」，「イラッシャル」という形態的補充形が用いられる．

　⑶ 先生は研究室にオイデニナル．
　⑷ 先生は果物がオスキデスか．（先生は経験者項）
　⑸ 先生にはあの星がオミエニナリマスか．（先生は経験者項）
　⑹ 先生には釣りのゴ趣味がオアリデスか．（所有文）

なお，尊敬の接尾辞を用いて敬意を表わすことができる．

　　オ書キニナル　→　書カレル
　　ゴ研究ニナル　→　研究サレル

　(b) 指示者に対する話し手の行為については，「対指示者敬語」の表現を用いる．

「オ〜スル」「ゴ〜スル」
(7)　先生に記念品をオ贈リスル.
(8)　先生を会場にゴ案内スル.
(a)　のような「指示者本位の敬語」を「尊敬語」,
(b)　のような「対指示者の敬語」を「謙譲語」と呼んでいる.
　また,「オ天気」とか「オ話」のような美化語は「場面敬語」と称する.
　敬語は,こうした敬語表現だけでない,恩恵方向を示す授受動詞の補助的用法の運用も問題になる.（92頁参照）敬語表現に授受動詞の補助的用法を組み合わせてこそ,生きた敬語として活用される.

6) 直示動詞

　「いく」と「くる」は,話し手の立場に立って判定される移動行為であるから,とくに「直示動詞」(deictic verbs)と呼ばれている.これらの動詞は,基本的に次のような意味をもっている.

　　いく：話し手がある方向へ向かって移動する行為.ある人物,あるいは
　　　　　物体が話し手から離れ去る行為.
　　くる：話し手に向かって,ある人物もしくは物体が近づく移動.

　話し手が公園で子供たちがボール遊びをしているのを見ているとしよう.たまたまボールが反れて,
(1)　（話し手に近づけば）「ボールが転がってキタ」となる.
(2)　（話してから遠ざかれば）「ボールが転がってイッタ」となる.
　また,物語の説明の中でも,常に「話し手（筆者）の視点」が働いている.
(3)　おじいさんは坂を上ってイキマシタ.
(4)　おじいさんは坂を上ってキマシタ.
　(3)では,話し手は坂の麓にあって,おじいさんの後ろ姿を眺めているのに対し,(4)では,話し手が坂の上に立って,おじいさんの姿を正面からとらえている.
　さらに,毎朝家庭で繰り返される会話であるが,
(5)　夫：行って来るよ.　　　　妻：行ってらっしゃい.
　夫の「行ってくるよ」では,「行って」は,話し手の夫が,職場へ向かっ

て移動することであり，「くるよ」は，自宅へ戻ってくるを意味を表明している．妻の側では，夫が自分（話し手）から離れて「行って」，再び自分のもとへと戻ってくる「らっしゃい」である．

次の例文において，

(5)　きのう，亜沙子さんが私の所へキマシタ．

(6)　きのう，亜沙子さんはあなたの所へキマシタか / イキマシタか．（過去）

(6) の「キマシタか」では，聞き手の「あなた」に話し手の地位を譲り渡している．

(7)　あした，亜沙子さんはあなたの所へキマスか / ? イキマスか．（未来）

上の文では「イキマスか」は不適当に聞こえる．未来時では話し手は聞き手の立場にはいりこむ余地がないようである．

話し手の視点は，空間的には話し手のいる場所にあり，時間的には発話が行なわれている現在時にある．現在時における話し手の位置こそ現実の世界であり，話し手が知覚し，意識する主観の中心である．そこで，現実化するものは「クル」となり，実態を失うものは「イク」となる．だから，「生まれてキテ，死んでイク」し，「現われてキテ，消えてイク」ことになる．

　　　　　　　　　　（空間的，時間的）
　　　クル　→　　直示の中心（話し手）　→　イク
　　　　　　　　　　（主観的，現実的）

(8)　水かさがだんだん増えてくる．

(9)　水かさがだんだん増えていく．

主観的なクル (8) では，高まる水位に対する話し手の緊迫したウチからの意識が感じられるが，(9) の「増えてイク」では，客観的にソトからの成り行きを見守る態度がうかがわれる．

(2)　女性的表現

名詞や形容詞が男性と女性の文法性をもっている言語は数多いが，話し手の性別が文末に表示される言語は珍しい．

日本語では，男性表現から女性表現に移すのにあるルールが働いている．
　（男性）酔ってしまったヨ〜酔ってしまったゼ．
　（女性）酔ってしまったワ〜酔ってしまったワヨ．
　　　　　酔ってしまったノ〜酔ってしまったノヨ．
女性表現では，終助詞「ヨ」の代わりに「ワ」「ノ」が用いられ，さらにその後に「ヨ」が付加される形もある．さらに，「ダワ」「テヨ」のような言い方もある．
　　　きっとそうダワ．　　もっと話しテヨ．
準動詞「だ」，もしくは副詞形「〜して」の後に「ヨ」が付加され，最後に「ネ」のくることがある．
　　　あれは鳥だネ．　あれは鳥だワヨネ．
命令形の「手紙を書けヨ」に対し，女性形は依頼形として，「手紙を書いてヨネ」「手紙を書きなさいヨ」を用いる．
　疑問形：「あの人はくるかナ」　（女性形）「あの人はくるカシラ」
　感嘆文：「桜がきれいだナ」　　（女性形）「桜がきれいだコト」，
　　　　　　　　　　　　　　　　　　　　　「桜がきれいだワネ」

(3)　丁寧さ

相手の部屋の前で，「入ってもいいですか」という入室の許可を求める文に対して，
　1)「ええ，いいですよ」という許可の返事よりも，
　2)「どうぞ，お入りください」という入室依頼の返事の方が丁寧である．
さらに，依頼の表現を調べてみると，
　3）窓を開けてください．（直接依頼）
　4）窓を開けてくださいますか．（疑問形依頼）
　5）窓を開けてくださいませんか．（否定疑問依頼）
やはり，5)の否定疑問依頼がもっとも丁寧に感じられる．それは，依頼とはいえ，聞き手に否定する機会を認めたうえで，相手の意向を尋ねているからである．

第5章　日本語の意味と語用

　G.N. リーチ（1983）は丁寧さの原則の下位規則として，4つの公理を紹介している．
　(1)　謙譲の公理：自己への賞賛を最小とし，非難を最大とする．
　AさんがBさんのお宅を訪問したとき，
　A：やあ，立派なお住まいですな．
　B：いや，たいした造りではありません．
　Aの方が誇張してほめているのに対し，Bは謙遜して過少評価している．
　(2)　是認の公理：相手への非難を最小とし，賞賛を最高とする．
　A：可愛いお嬢さんですね．お行儀もいいし．（相手への賞賛）
　B：いいえわがままで困ります．（当方への非難）
　(3)　同意の公理：相手との意見の対立を最小とし，一致を最大とする．
　A：あしたいっしょにドライブにいかないかい．
　B：行きたいけど　…　でもね．（はっきりと断れない）
　(4)　寛容の公理：自分の利益を最小とし，負担を最大にする．
　日本人は食べ物を勧めるとき，「おひとつどうぞ」というが，出し惜しみではなく，その食品が相手の食べるのに値しないという含意がある．「つまらないものですが，どうぞ」も同様である．
　(5)　駆け引きの公理：他人の負担を最小とし，利益を最大とする．
　A：ちょっと拝見してもいいですか．（相手の負担を最小に）
　B：どうぞ，ごゆっくりご覧ください．（相手の利益を最大に）
　このように，丁寧さの原則に対する反応の仕方により，日本人としての行動的特質を観察することができる．こうした公理を守ることにより対人関係が円滑に行なわれていくのである．

コラム1　　国文法の活用

時枝誠記（1950：118頁）によると，次の6活用形が認められている．

	未然形	連用形	終止形	連体形	仮定形	命令形
（書）	-か	-き	-く	-く	-け	-け

ここでは，動詞「書く」の語幹「(書)か」が「か, き, く, け」と活用し末母音が「アイウエオ」と変化している．そこで，こうした活用を「語幹末母音配列方式」と呼ぶことにする．

松下大三郎（1930：81頁）では，活用形は最初から第1，第2，第3，第4，第5活用形と呼ばれ，最後の命令形が省かれている．

また，山田孝雄（1922：61頁）は，連体形は終止形と同形であるとの理由から，連体形を省き，仮定形を「条件形」と呼んでいる．

橋本進吉（1948：25－27頁）は，未然形を省き，仮定形を「已然（いぜん）形」と称している．

なお，湯沢幸吉郎（1977：42頁）は，最後に推量形を加えて7種の活用形を認めている．

1．未然形，2．連用形，3．終止形，4．連体形，5．仮定形，6．命令形，7．推量形

「読ま」ない，「読み」ます，「読む」，「読む」時，「読め」ば，「読め」，「読も」う

かくて語幹末母音の配列による方式は5母音「アイウエオ」を含有したことになる．

やがてこうした活用形に不足分を補う方向へと進んできた．

佐久間鼎（1966：85頁）は次のような活用表を提示し，kai-te, kai-taのようなイ音便形をも含めている．

基本形（終止，連体）	kak-u	命令形	kak-e
造語形（連用）	kak-i	未来形	kak-oo
打消形（否定）	kak-a	既定形	kai-ta
仮定	kak-eba	中止形	kai-te

鈴木重幸（1972, 265頁）はイ音便形をさらに拡大している．
（基本語形）kak-　　音便語幹　　　　kai-
すぎさらず　kak-u　　すぎさり　　　　kai-ta
さそいかけ　kako　　第2なかどめ　　 kai-te
命令　　　　kake　　ならべたて　　　kai-tari
条件(5)　　 kak-eba 条件(3)　　　　　kai-tara

寺村秀夫（1982, 54頁）はこうした語形を次のように整理している．

（言い切りの形）基本語形（現在形）kak-u, 過去形 kai-ta, 推量意向形 kak-o, 過去推量 kai-tari, 命令形 kak-e：（つづく形）第1条件形 kake-ba, 条件2 kai-tara, 連用形 kak-i, テ形 kai-te, タリ形 kai-tari.

以上できるだけ多くの変化語形を集めようとする努力は見られるが，こうした語幹末母音配列方式ではさまざまな分類基準が可能となり可否の判定が困難である．

コラム2　活用から変化へ

国文法での「活用」は，次のように表示されてきた．
　　　　（未然形）（連用形）（終止形）（連体形）（仮定形）（命令形）
「書く」かか,かこ　かい,かき　かく　　　かく　　　かけ　　　かけ

上の図表から取り出された語幹部の「かか」「かき」「かく」「かく」「かけ」「かけ」における語幹末母音が「か，き，く，く，け，け」と四段に変化するので，「四段活用」と呼んできた．だが，こうした音声配列による活用は，決して厳密な言語理論に基づくものではない．とにかく今まで理解されないままに記憶を強いられてきた，こうした「活用」を「語幹末母音配列方式」と呼ぶことにしよう．

動詞の語形変化は，文法的カテゴリーを組み合わせて形成されるもので，動詞のすべての変化語形を提示できるものでなければならない．文法的カテゴリーとしては，人称（1人称，2人称，3人称），数（単数，複数），性（男性，女性，中性），時制（現在，過去），相（未完了，

完了),態(能動,受動),対極性(肯定,否定)などがある.
　こうした文法的カテゴリーの対立から語形変化表が作成される.語形変化の代表は,なんと言ってもラテン語であろう.
　現在形：　　　（単数）　　　　　　　　（複数）
　　　［1人称］amō「私が愛する」　　amāmus「私たちが愛する」
　　　［2人称］amās「君が愛する」　　amātis「君たちが愛する」
　　　［3人称］amat「彼が愛する」　　amant「彼らが愛する」
上のラテン語の語形変化表は,人称と数と時制から構成されている
さらに,完了形と受動形の変化を与えておこう.
完了形：　　　　　　　　　　　　　受動形：
（単数）
　　［1人称］amāvī「私は愛した」　　amor「私は愛される」
　　［2人称］amvistī「君は愛した」　amāris「君は愛される」
　　［3人称］amāvit「彼は愛した」　amātur「彼は愛される」
（複数）
　　［1人称］amāvimus「私たちは愛した」
　　　　　　　　　　　　　　　amāmur「私たちは愛される」
　　［2人称］amāvistis「君たちは愛した」
　　　　　　　　　　　　　　　amāminī「君たちは愛される」
　　［3人称］amāvērunt「彼らは愛した」
　　　　　　　　　　　　　　　amantur「彼らは愛される」
以上の例から完了相としても受動態としても変化していることが分かる.
　日本語は,非過去「カク」と過去「カイタ」のように,時制のカテゴリーをもっている.さらに,肯定「カク」と否定「カカナイ」のように,対極性のカテゴリーも働いているから,時制と対極性のカテゴリーが組み合わさった語形変化が形成されている.
　肯定と否定による対極性のカテゴリーは,英語やフィンランド語に見受けられる.

コラム3　　対極性のカテゴリー

　対極性（Polarity）とは聞きなれない用語であるが，肯定のプラスと否定のマイナスが対立することを意味する．要するに，肯定形と否定形の対応を指している．

　時制と対極性で対立する言語としては，日本語と英語，それにフィンランド語がある．

　では，日本語と英語の対極性を比較してみよう．

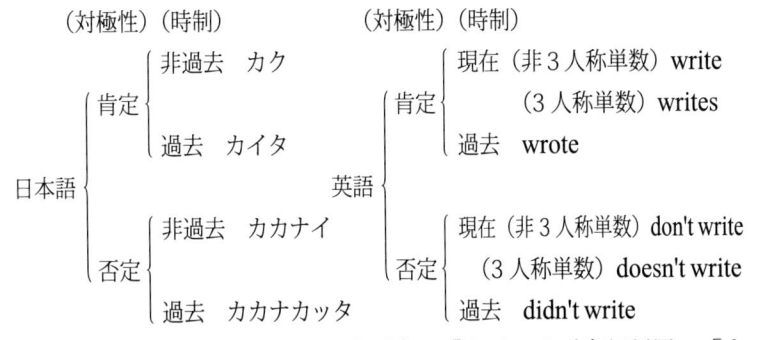

```
              （対極性）（時制）              （対極性）（時制）
                    ┌ 非過去  カク              ┌ 現在（非3人称単数）write
              ┌ 肯定┤                    ┌ 肯定┤      （3人称単数）writes
              │    └ 過去   カイタ            └ 過去   wrote
        日本語┤                      英語┤
              │    ┌ 非過去  カカナイ          ┌ 現在（非3人称単数）don't write
              └ 否定┤                    └ 否定┤      （3人称単数）doesn't write
                   └ 過去   カカナカッタ        └ 過去   didn't write
```

　日本語の否定形を見ると，否定要素の「ナイ」は形容詞語尾で「ナカッタ」という過去形をもっている．英語の否定形を見ると，否定要素 don't, doesn't, didn't が否定だけでなく現在と過去の時制まで含んでいて，次にくる不定詞 write「書く」は時制に関与していない．否定要素が時制を表示するのが対極性の特徴である．

　フィンランド語では，否定動詞というものがあり，肯定動詞と同じように人称変化を行なっている．

	（肯定形）	（否定形）
単数1人称	Minä kirjoitan 「私が書く」	Minä en kirjoita 「私は書かない」
2人称	Sinä kirjoitat 「君が書く」	Sinä et kirjoita 「君は書かない」
3人称	Hän kirjoittaa 「彼が書く」	Hän ei kirjoita 「彼は書かない」

複数1人称	Me kirjoitamme	Me emme kirjoita
	「私たちが書く」	「私たちは書かない」
2人称	Te kirjoitatte	Te ette kirjoita
	「君たちが書く」	「君たちは書かない」
3人称	He kirjoittavat	He eivät kirjoita
	「彼らが書く」	「彼らは書かない」

　フィンランド語では，否定動詞自体が人称変化を行い，動詞の語幹部は語形変化をしない．

　日本語では，過去と非過去が時制として対立する．「書く」の現在形は「書いている」であって，「書く」や丁寧形の「書きます」は意思や未来への行為を含んでいるので，非過去形とした．

　実は，すでにロドリゲスの『日本大文典』(1604：26頁―108頁)でも，動詞の活用を肯定形と否定形とに分け，現在形に過去形を対比させている．

（現在肯定形）aguru「上ぐる」：（現在否定形）aguenu「上げぬ」
（過去肯定形）agueta「上げた」：（過去否定形）aguenanda「上げなんだ」

コラム4　　形容動詞

　国文法で使用している「形容動詞」も誤解を招く用語の1つである．形容動詞と呼ばれているこの語群は，動詞ではなく，名詞の体質を帯びた形容詞である．このため寺村秀夫（1982）は「名容詞」と称している．

　実は，形容詞は名詞的性質と動詞的性質の両方を含んでいるため，名詞として，あるいは動詞として扱われている．

　例えば，ラテン語では，形容詞は名詞と同じように性，数，格により変化する．

（主格）　　　　　　　　　　　（対格）
bona fēmina「親切な女性が」　bonam fēminam「親切な女性を」
（属格）　　　　　　　　　　　（与格）
bonae fēminae「親切な女性の」　bonae fēminae「親切な女性に」

（奪格）bonā fēminā「親切な女性から」．すなわち，名詞的である．

これに対し，英語では形容詞に存在動詞（be 動詞）をつけて述語化している．

> Mary is kind.「メアリーは親切だ」，Mary was ill.「メアリーは病気だった」

動詞の is を過去の was に代えると過去時制となる．時制による変化は動詞的である．要するに，(1) 名詞的形容詞と (2) 動詞的形容詞の 2 種類がある．

日本語はこれら名詞的形容詞と動詞的形容詞の両方を利用している．

日本語では，動詞的形容詞が優先されている．日本語の形容詞は，動詞と同じように，非過去と過去という形で時制の変化を行う．

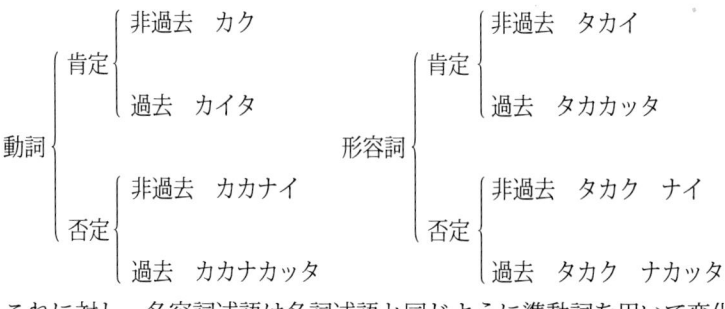

動詞 { 肯定 { 非過去　カク / 過去　カイタ } 否定 { 非過去　カカナイ / 過去　カカナカッタ } }

形容詞 { 肯定 { 非過去　タカイ / 過去　タカカッタ } 否定 { 非過去　タカク　ナイ / 過去　タカク　ナカッタ } }

これに対し，名容詞述語は名詞述語と同じように準動詞を用いて変化する．

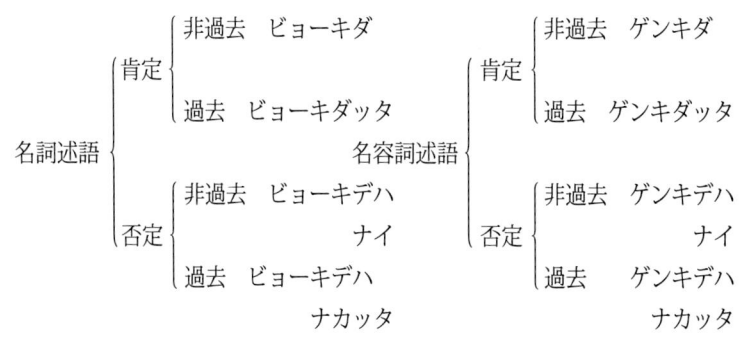

名詞述語 { 肯定 { 非過去　ビョーキダ / 過去　ビョーキダッタ } 否定 { 非過去　ビョーキデハ　ナイ / 過去　ビョーキデハ　ナカッタ } }

名容詞述語 { 肯定 { 非過去　ゲンキダ / 過去　ゲンキダッタ } 否定 { 非過去　ゲンキデハ　ナイ / 過去　ゲンキデハ　ナカッタ } }

名詞述語と名容詞述語の語形変化は同じであるが，属格形の助詞に「ノ」と「ナ」の違いがある．

　　名詞：病気ノ人　　　　　名容詞：元気ナ人

コラム５　　国文法の連体形

　連体形は「体言に連なる」という意味で，名詞の前に立って，その名詞を修飾するから形容詞形のことである．問題は，活用における終止形と連体形が同じ形をしていることにある．終止形は文を終止する語形であって，本書では「述語形」と呼んでいる．

(1)　子供がボールを「なげる」（終止形）

(2)　ボールを「なげる」子供（連体形）

　上の例文では，終止形の「なげる」が形容詞化して連体形になったのである．だから連体形の「なげる」は動詞としての機能をもっている．英語で言う現在分詞に相当する．そこで，連体形の「なげる」はその目的語に相当する「ボールを」を支配している

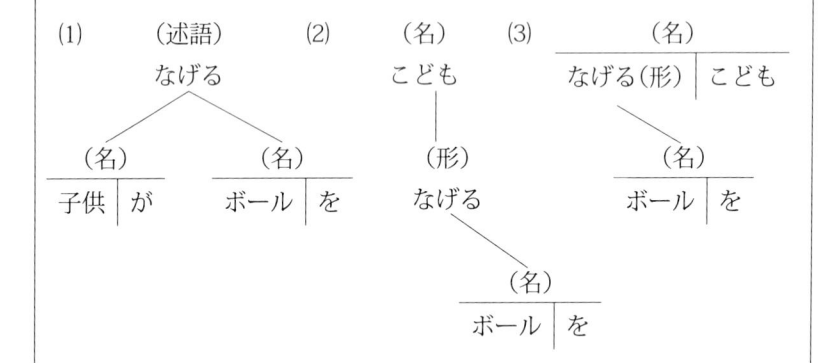

(1)　　（述語）
　　　　なげる
　　（名）　　　（名）
　　子供｜が　　ボール｜を

(2)　　（名）
　　　　こども
　　　　（形）
　　　　なげる
　　　　（名）
　　　　ボール｜を

(3)　　　　　　　（名）
　　　なげる（形）｜こども
　　　　　　　　（名）
　　　　　　　ボール｜を

　(1)では，述語「なげる」が第１行為項の「こどもが」と第２行為項の「ボールを」支配している．(2)では，形容詞形「なげる」が名詞の「こども」を修飾しているが，同時に名詞の「ボールを」支配している．(3)は(2)と同じで，形容詞の「なげる」を「こども」の前に引き上げただけである．本書では「連体形」を「形容詞形」と呼ぶ．

このように，動詞を形容詞化すると，元の動詞の性格が保持されていることに注意されたい．だから，(4)「雪が降る町」でも動詞の「降る」が形容詞化するので，「雪の降る町」のように，「雪が」＞「雪の」と形容詞化する．また，形容詞でも「述語」から「形容詞形」に移ると，同じようなことが起こる．(5)「象は鼻が長い（述語形）」＞「象の鼻が長い（形容詞形）こと」（名詞）

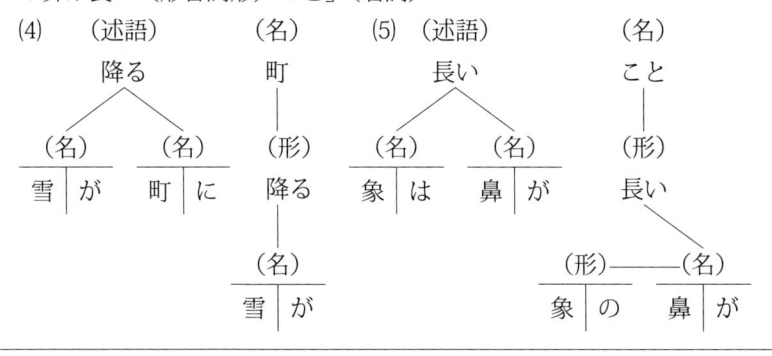

```
(4)    (述語)     (名)      (5)   (述語)           (名)
        降る       町              長い             こと
      ┌──┴──┐      │          ┌────┴────┐           │
     (名)  (名)   (形)        (名)      (名)        (形)
      雪 │ が 町 │ に 降る     象 │ は 鼻 │ が       長い
                  │                        ┌─────┴─────┐
                 (名)                     (形)────────(名)
                  雪 │ が                  象 │ の 鼻 │ が
```

コラム6　　国文法の連用形

　連用形という用語は，その機能と用法が雑多で不明確なため学習者を混乱させる根源をなしてきた．名称からすると，「用言に連なる」ということで，他の用言（動詞，形容詞，形容動詞）を修飾，限定する機能をもっているはずである．だが，活用の方の「連用形」は語幹末母音のイ段に指定されている．例えば，動詞「読む」の「ヨミ」に相当する．この「ヨミ」は動詞が名詞化したものである．文法書によると，連用形は丁寧形の「マス」や意向を表わす「タイ」の付く語形としているが，「ヨミマス」「ヨミタイ」の「ヨミ」は名詞形である．また，連用形「ヨミ」から過去形「ヨンダ」を引き出すとしているが，それは無理である．実は，文例「次の文をヨミ（ヨンデ），答えなさい」のように，ヨミには言い切りの中止法がある．また，「ヨンデ」にも中止法があるが，「ヨンデ，コタエル」の用例では，「ヨンデ」が次の動詞「コタエル」を限定している．これこそが連用形本来の機能である．本書では，「ヨンデ」を動詞の副詞形とし，この副詞形は過去形

の「ヨンダ」から引き出されると説明しておいた．

とにかく，このようにさまざまな機能を連用形に押し込めるのは無理である．そこで，本書では，「ヨミ」を動詞「ヨム」の名詞形とし，これから「ヨミマス，ヨミタイ」を派生させ，過去形の「ヨンダ」から副詞形の「ヨンデ」を導くことにした．

なお，形容詞では，「タカイ」が述語形で，「タカク」が副詞形となる．また，名容詞では，「元気ダ」が述語形であり，「元気ニ」が副詞形となる．

コラム7　　国文法の助動詞

国文法で助動詞と呼ばれているのは「動詞に似た活用をする語群」という意味で，国語辞典では，おおよそ次のような項目にまとめられている．

1）受身：れる，られる．
2）自発：れる，られる．
3）使役：せる，させる，しめる．
4）尊敬：れる，られる．
5）丁寧：ます．
6）過去：た．
7）意志：う，よう．
8）推量：らしい，まい．
9）打消し：ない，ん．
10）希望：たい，たがる．
11）断定：だ，です．
12）伝聞：そうだ．
13）様態：そうだ．
14）比況：ようだ，みたいだ．

一見雑然と見えるが，語形と用法から判断すると，1）受身，2）自発，3）使役，4）尊敬は，いずれも「動詞語幹+れる，られる，せる，させる，しめる」という結合方式に従うもので，動詞語尾であるから動詞として活用するのは当然である．例：読ませる，読まれる．10）希望の「読みたがる」にも当てはまる．ただし，「読みたい」の「たい」は形容詞語尾である．同じく，8）推量の「らしい」も形容詞語尾で，名詞にも動詞語幹にも付加される：「雨らしい」「降るらしい」．さらに，12）伝聞の「そうだ」，14）比況の「ようだ」であるが，どちらも形式名詞の「よう」と「そう」に準動詞が付加されたもので，

本籍は名容詞である．ただし，伝聞は「降るそうだ」であるが，様態の方は「降りそうだ」と動詞語幹に接合する接尾辞である．丁寧の「ます」語尾も動詞語幹に接合する．

　残りの6）「た」は動詞の過去語尾であるし，9）打消しの「ない」は形容詞である．7）意志の「う，よう」は意向法の語尾で，その否定形が8）の「まい」に相当する．11）断定の「だ，です」は準動詞の語尾である．

　このように，再分類すると，いわゆる助動詞なるものが，形容詞「たい，らしい」であったり，「そうだ」のような名容詞であったりして，到底「動詞に似た活用をする」語群とは言えないことが分かったであろう．これらは語幹末母音配列方式の活用からはみだした気の毒な落とし語にすぎない．

コラム8　　繋辞（コピュラ）

　英語では，Jack is a boy.「ジャックは少年だ」という文におけるbe動詞の 'is' を「繋辞」(copula) と呼んでいる．そして，繋辞はこの語の前に立つ名詞 Jack「ジャック」とその後にくる a boy「少年」を繋いでいる語と説明されてきた．

　そこで，「ジャックは少年だ」という日本文においても，準動詞の「だ」が英語の be 動詞と同じように繋辞として働いていると考えた人たちがいる．

　英語では，'Jack ＝ (is) a boy' のように，be 動詞が，Jack と a boy をイコールで結びつけていると考えることができるが，日本語の「だ」は「ジャック」と「少年」の後にくるから，両者をイコールで結合させる働きがあるとは考えられない．

　日本語の準動詞「だ」は歴史的には「～である」がつづまって「だ」となったとされている．山田孝雄（1922, 87 − 89）は，「である」は格助詞「で」に存在動詞「ある」が付加されて陳述を表わしていると述べている．具格の「で」は「にて」が合体したもので，「舟にて」が「舟で」といわれている．そこで，「我輩は猫である」という文を，

アメリカの言語学者ジャッケンドフ（1983）の意味論の立場からすれば「我輩は猫という種族に属するひとつの具体例である」と解釈される．要するに，「我輩 ＝ 猫」ではない．

　また，W.L. チェイフ（1970）は，Jack is a boy. の動詞 is は次に来る名詞 a boy を「述語化」する機能をもっていると分析している．同じく日本語の準動詞「だ」もその前に立つ名詞を述語化していると考えられる．述語化は述語にするということで，意味的には「〜の状態にある」と注釈できる．すなわち，「ジャックは少年の状態にある」となる．

　同じことが形容詞にも当てあまる．Mary is kind.「メアリーは親切だ」においても，is は形容詞を述語化している．「メアリーは親切な性格である」と解釈される．

転用分析による図系例 (1) 『雪国』川端康成

(1) 国境の長いトンネルを抜けると雪国であった．(2) 夜の底が白くなった．(3) 信号所に汽車が止まった．(4) 向側の座席から娘が立って来て，島村の前のガラス窓を落とした．(5) 雪の冷気が流れこんだ．(6) 娘は窓いっぱいに乗り出して，遠くへ叫ぶやうに，「駅長さん，駅長さん．」(7) 明かりをさげてゆっくり雪を踏んで来た男は，襟巻きで鼻の上まで包み，耳に毛皮を垂れてゐた．

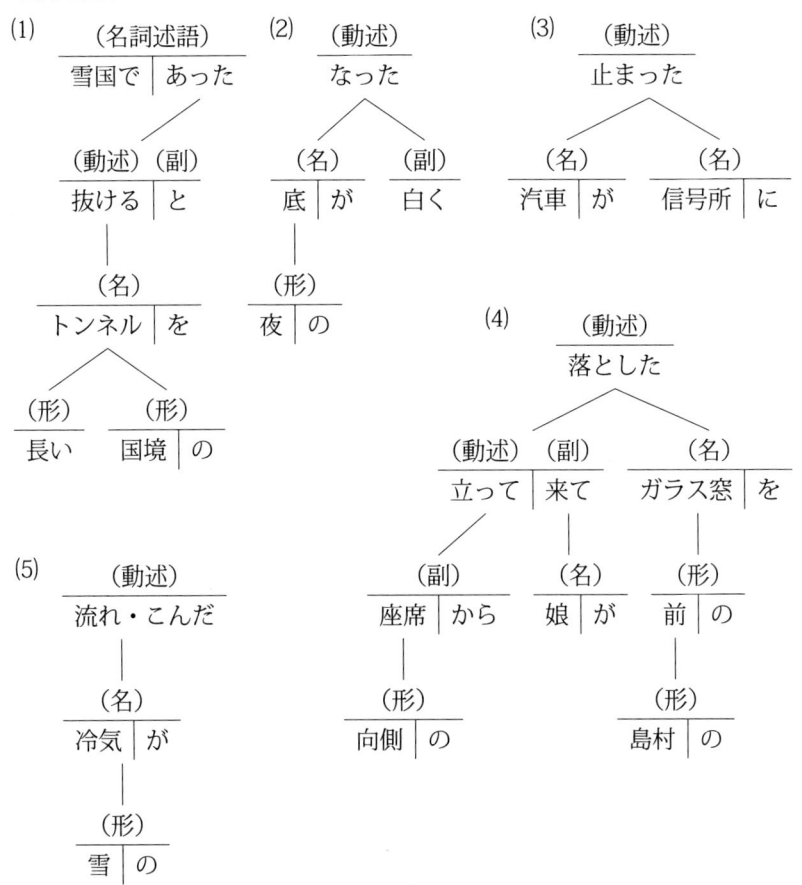

(1)
| (名詞述語) |
| 雪国で | あった |

| (動述) | (副) |
| 抜ける | と |

| (名) |
| トンネル | を |

| (形) | (形) |
| 長い | 国境 | の |

(2)
| (動述) |
| なった |

| (名) | (副) |
| 底 | が | 白く |

| (形) |
| 夜 | の |

(3)
| (動述) |
| 止まった |

| (名) | (名) |
| 汽車 | が | 信号所 | に |

(4)
| (動述) |
| 落とした |

| (動述) | (副) | (名) |
| 立って | 来て | ガラス窓 | を |

| (副) | (名) | (形) |
| 座席 | から | 娘 | が | 前 | の |

| (形) | (形) |
| 向側 | の | 島村 | の |

(5)
| (動述) |
| 流れ・こんだ |

| (名) |
| 冷気 | が |

| (形) |
| 雪 | の |

(6)

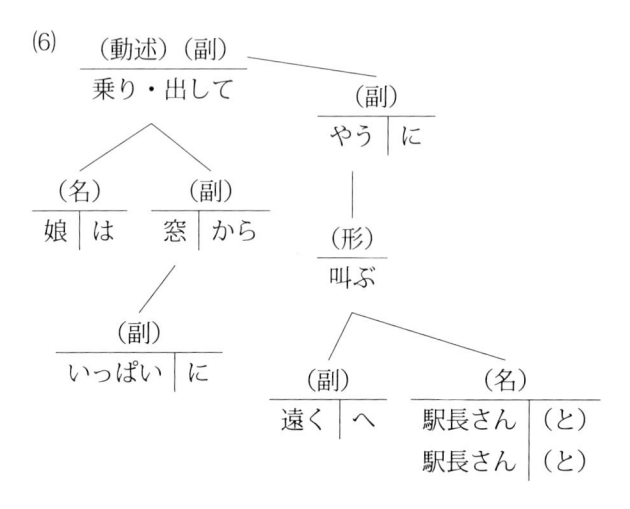

```
         (動述)（副）
         乗り・出して         (副)
                           やう に
                            │
     (名)   (副)           (形)
     娘 は  窓 から          叫ぶ
              │
            (副)
            いっぱい に        (副)      (名)
                           遠く へ   駅長さん（と）
                                    駅長さん（と）
```

(7)

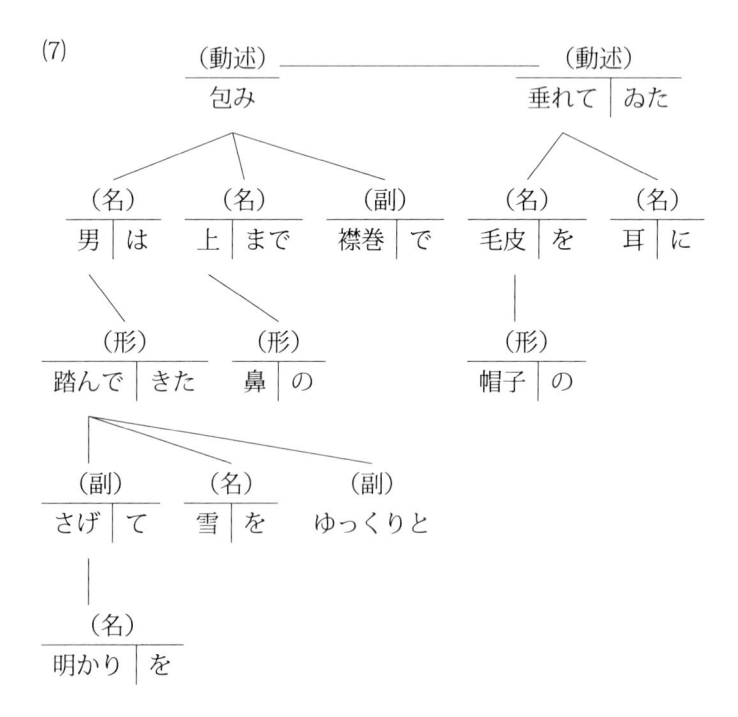

```
              (動述)                       (動述)
              包み                         垂れて ゐた

     (名)   (名)    (副)          (名)    (名)
     男 は  上 まで  襟巻 で        毛皮 を  耳 に
       │     │
      (形)   (形)                  (形)
      踏んで きた  鼻 の             帽子 の
        │
     (副)   (名)   (副)
     さげ て 雪 を  ゆっくりと
       │
      (名)
      明かり を
```

(1) 動詞述語の「抜ける」に接続助詞「と」が付いて副詞となる．「雪国であった」は名詞述語で「雪国だった」と同じ．(2)「白く」は副詞形であるが，動詞「なる」の必須要素であるから，行為項と見なされる．(6)「呼ぶやうに」では，「呼ぶ」が形容詞形で形式名詞「やう（よう）」を修飾し，「やうに」は目的を表わす．「乗り出して」は副詞形で，この (6) の図系には中核となる述語がない．(7) 動詞述語「包み」は中止形であるから，次にくる動詞述語「垂れてゐた」と等位節として並立している．

転用分析による図系例 (2)　『初恋』島崎藤村

(1) まだあげ初めし前髪の
林檎のもとに見えしとき
前にさしたる花櫛の
花ある君と思ひけり

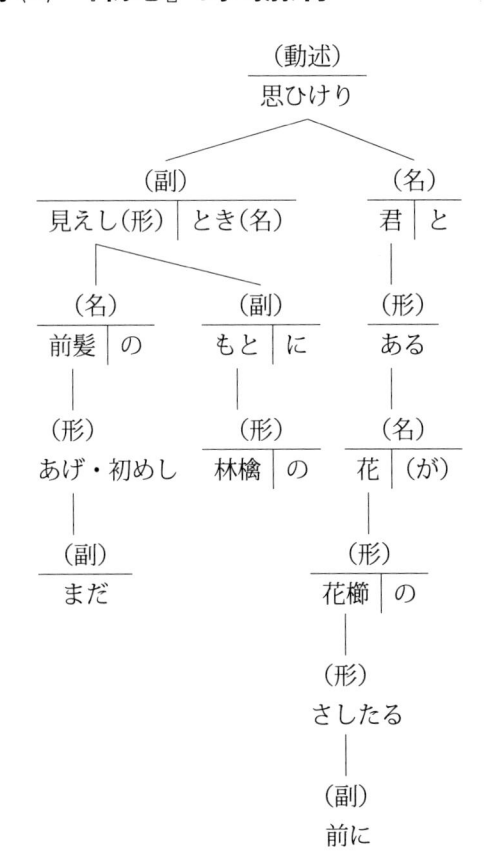

```
                    (動述)
                    思ひけり
               ┌──────┴──────┐
             (副)            (名)
      ┌──────┴──────┐    ┌───┴───┐
    見えし(形)  とき(名)   君    と
     ┌──────┴──────┐     │
   (名)          (副)    (形)
    │             │      │
   前髪 の       もと に  ある
    │             │      │
   (形)          (形)    (名)
    │             │      │
  あげ・初めし   林檎 の  花 (が)
    │                    │
   (副)                  (形)
    │                    │
   まだ                 花櫛 の
                         │
                        (形)
                         │
                        さしたる
                         │
                        (副)
                         │
                        前に
```

169

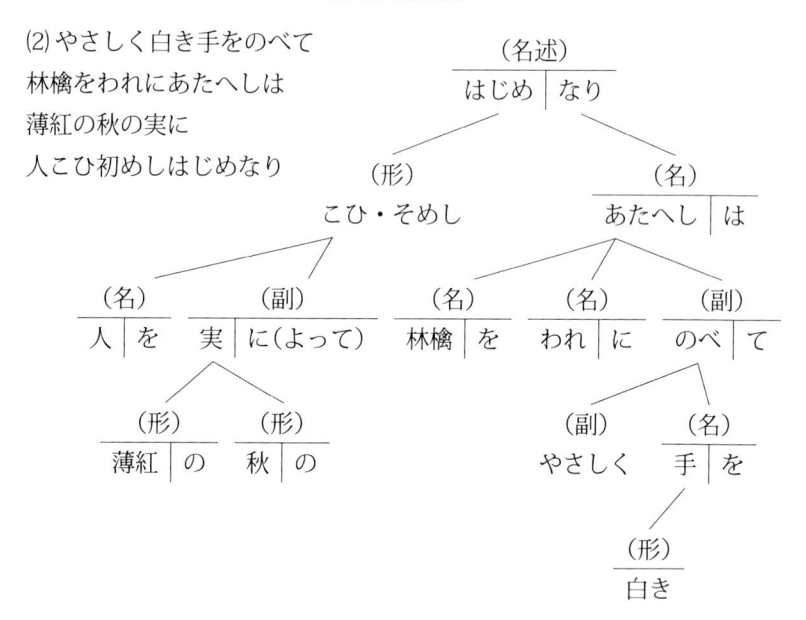

(2) やさしく白き手をのべて
林檎をわれにあたへしは
薄紅の秋の実に
人こひ初めしはじめなり

```
                              (名述)
                            はじめ│なり
              ┌───────────────┴───────────────┐
            (形)                              (名)
          こひ・そめし                      あたへし│は
       ┌─────┴─────┐              ┌───────┬───────┐
      (名)        (副)           (名)    (名)    (副)
      人│を      実│に(よって)  林檎│を われ│に のべ│て
              ┌───┴───┐                    ┌───┴───┐
            (形)    (形)                  (副)    (名)
           薄紅│の  秋│の                やさしく 手│を
                                                 │
                                               (形)
                                               白き
```

(1)「見えし」は形容詞形で形式名詞の「とき」を修飾し「とき（に）」と副詞になる．「花ある」は「花（が）ある」と解釈した．(2)「はじめなり」は名詞述語で，「秋の実に」は「秋の実によって」と解釈した．「あたへしは」は第1行為項で，名詞述語の「なり」に支配される．

練習問題の解答

（日本語の音声）

1. (a)「重い」[omoi], (b)「細い」[hosoɪ], (c)「高い」[takɑɪ], (d)「薄い」[ɯsɯi], (e)「丸い」[mɑɾɯɪ]
2. (a)「二本」「ニホン」[nihoɴ], (b)「三本」「サンボン」[sɑmboɴ], (c)「四本」「ヨンホン」[jɔnhoɴ], (d)「五本」「ゴホン」[gohɔɴ], (e)「六本」「ロッポン」[ɾɔppoɴ], (f)「七本」「シチホン」[ʃɪtʃihoɴ], (g)「八本」「ハッポン」[hɑppoɴ]
3. (a)「歯」(頭高), (b)「葉」(平板), (c)「鼻」(平板), (d)「心」「ココロ」(中高), (e)「女」「オンナ」(平板), (f)「頭」「アタマ」(尾高), (g)「朝顔」「アサガオ」(中高), (h)「友達」「トモダチ」(平板)
4. (a)「常識」/zyoosiki/ CSV-V-CV-CV（4拍）, (b)「関係」/kaɴkee/ CV-M-CV-V（4拍）, (c)「一生懸命」/iɑsyookeɴmee/ V-M-SCV-V-CV-M-CV-V（8拍）

（日本語の形態）

1. 「読む」非過去　　　　　　　　過去
   （肯）ヨム　　　　　　　　　　ヨンダ
   （否）ヨマナイ　　　　　　　　ヨマナカッタ
2. 「低い」非過去　　　　　　　　過去
   （肯）ヒクケレバ　　　　　　　ヒクカッタラ
   （否）ヒククナケレバ　　　　　ヒククナカッタラ
3. 「きらい」非過去　　　　　　　過去
   （肯）キライダ　　　　　　　　キライダッタ
   （否）キライデハナイ　　　　　キライデハナカッタ
4. 「金持ちだ」非過去　　　　　　過去

（肯）　　　金持ちナラ　　　　　金持ちダッタラ
　　（否）　　　金持ちデナケレバ　　金持ちデナカッタラ
5．「飲みたい」非過去　　　　過去
　　（肯）　　　ノミタイ　　　　　　ノミタカッタ
　　（否）　　　ノミタクナイ　　　　ノミタクナカッタ

（日本語の統語）

1．述語形

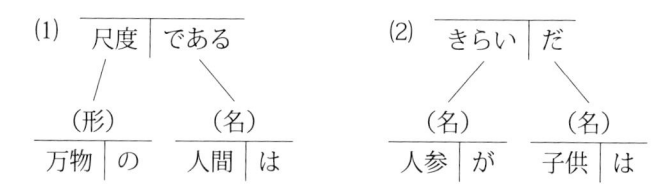

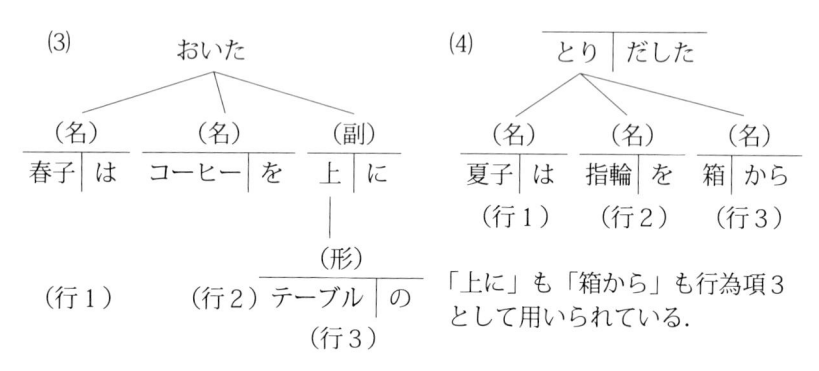

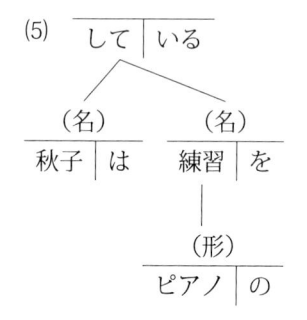

(1) 尺度｜である
　　（形）　　（名）
　　万物｜の　人間｜は

(2) きらい｜だ
　　（名）　（名）
　　人参｜が　子供｜は

(3) おいた
　　（名）　　（名）　　（副）
　　春子｜は　コーヒー｜を　上｜に
　　　　　　　　　　　　　　（形）
　（行1）　（行2）　テーブル｜の
　　　　　　　　　　　（行3）

(4) とり｜だした
　　（名）　（名）　（名）
　　夏子｜は　指輪｜を　箱｜から
　　（行1）　（行2）　（行3）

「上に」も「箱から」も行為項3として用いられている．

(5) して｜いる
　　（名）　　（名）
　　秋子｜は　練習｜を
　　　　　　　　｜
　　　　　　　（形）
　　　　　　　ピアノ｜の

練習問題の解答

(3)の動詞「おく」は物をおく場所が必要なので,「テーブルの上に」は第3行為項と見なされる.(4)の「とりだす」では,とりだす場の情報も必要とするので名詞とした.

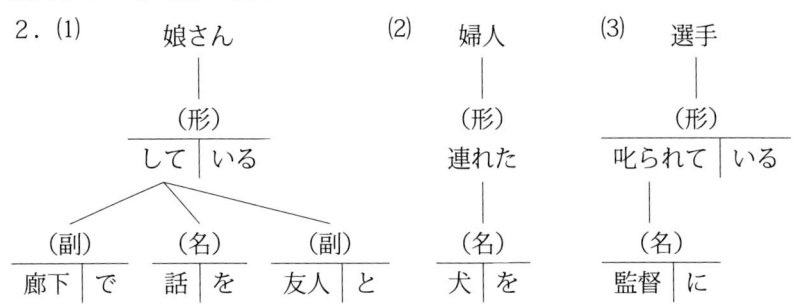

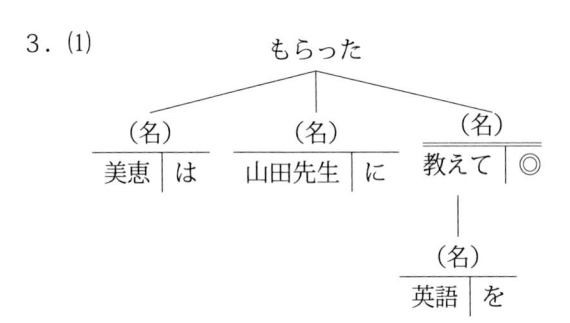

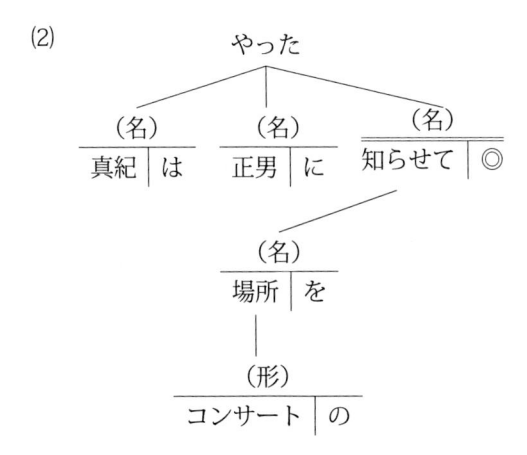

2. (1)
```
            娘さん
             │
            (形)
         している
      ┌──────┼──────┐
    (副)    (名)    (副)
    廊下で  話を    友人と
```

(2)
```
    婦人
     │
    (形)
    連れた
     │
    (名)
    犬を
```

(3)
```
    選手
     │
    (形)
   叱られて いる
     │
    (名)
    監督に
```

3. (1)
```
              もらった
       ┌─────────┼─────────┐
      (名)      (名)      (名)
      美恵は  山田先生に  教えて ◎
                          │
                         (名)
                         英語を
```

(2)
```
              やった
       ┌─────────┼─────────┐
      (名)      (名)      (名)
      真紀は    正男に    知らせて ◎
                          │
                         (名)
                         場所を
                          │
                         (形)
                        コンサートの
```

173

4．(1)
```
                  待った
         ┌──────────┴──────────┐
        (名)                  (名)│を
      直子│は         帰って│くる(形)│の(形名)
                        │
                       (名)
                      夫│が
```

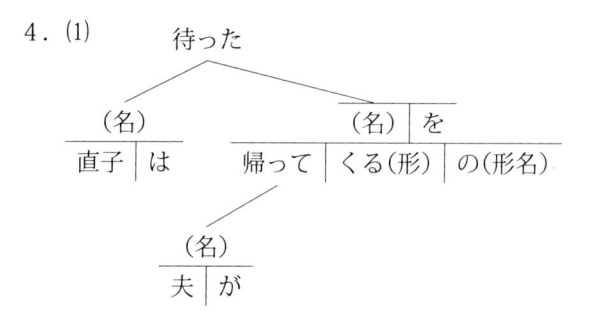

(2)
```
         大切│だ
           └────────┐
                  (名)が
            教える│こと(形名)
         ┌────┴────┐
        (副)      (名)
     小学生│から  文法│を
               │
              (形)
           日本語│◎
```
省略された格助詞「の」の代わりに◎を用いた．

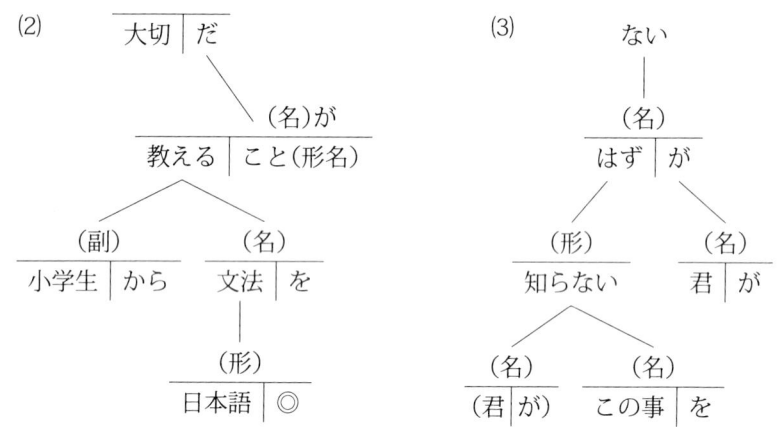

(3)
```
           ない
            │
           (名)
          はず│が
       ┌────┴────┐
      (形)      (名)
     知らない    君│が
    ┌───┴───┐
   (名)    (名)
  (君│が) この事│を
```

(4)
```
          はず│だ
        ┌────┴────┐
       (形)      (名)
       来る     恵美さん│は
     ┌──┴──┐
    (名)   (名)
 (恵美さん│は) ここへ
```

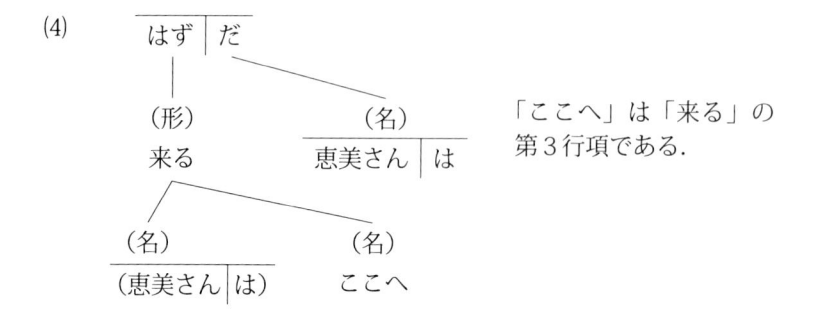

「ここへ」は「来る」の第3行項である．

練習問題の解答

(5)
```
         ちがい | ない
        ／          ＼
     (名)           (名)
  恵美さん | は    来る | に
                    |
                   (副)
                  ここへ
```

「来る」は名詞と見なされる．

(6)
```
              ある
               |
              (名)
             必要 | が
               |
              (形)
             使う
               |
              (名)
             用語 | を
            ／      ＼
         (形)        (形)
        通用する    文法
        ／    ＼
     (副)      (副)
   日本語|にも  英語|にも
```

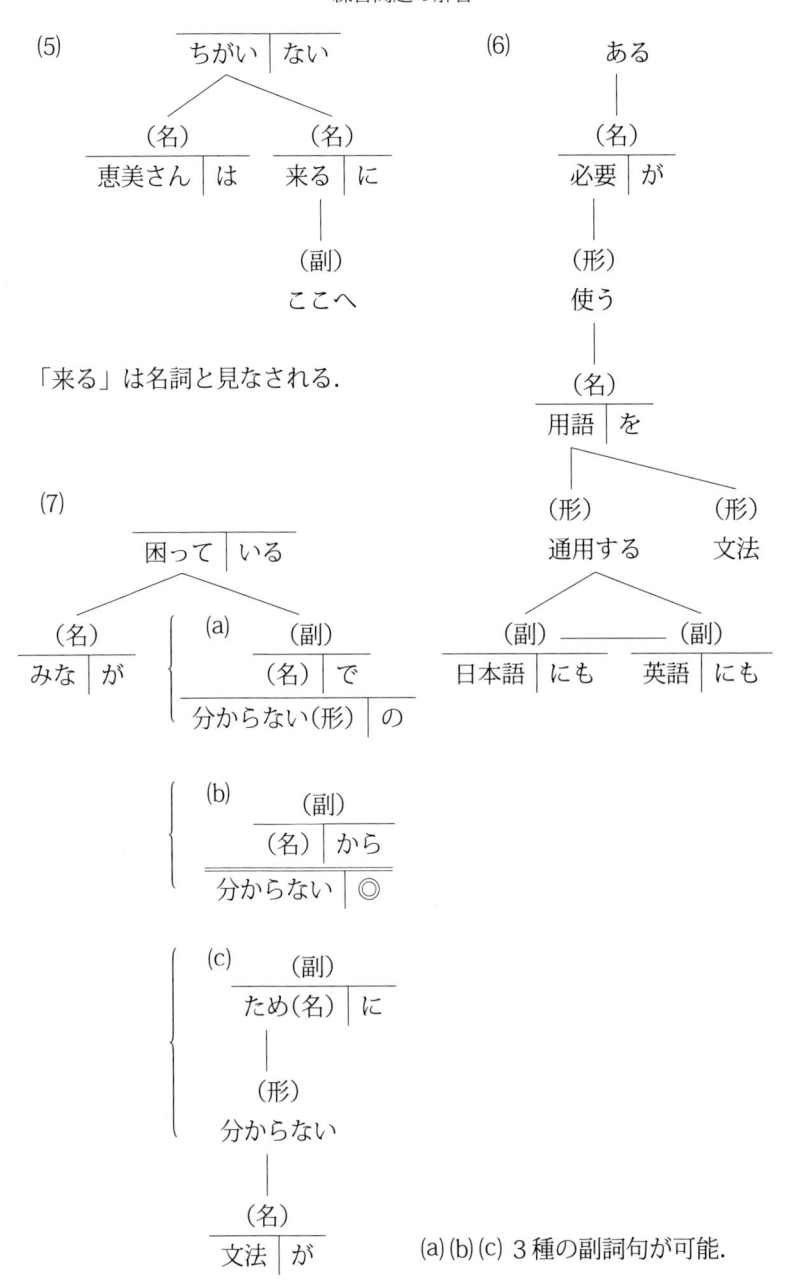

(7)
```
         困って | いる
        ／          ＼
     (名)           (a)    (副)
    みな | が         (名) | で
                    分からない(形) | の

                   (b)    (副)
                      (名) | から
                    分からない | ◎

                   (c)    (副)
                      ため(名) | に
                         |
                       (形)
                      分からない
                         |
                       (名)
                      文法 | が
```

(a)(b)(c) 3種の副詞句が可能．

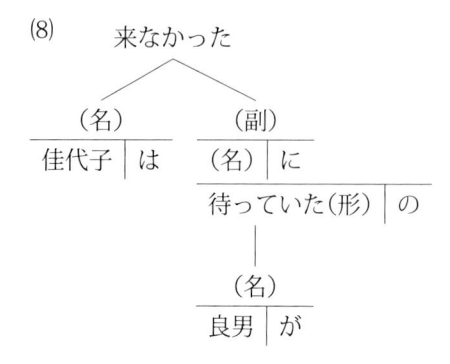

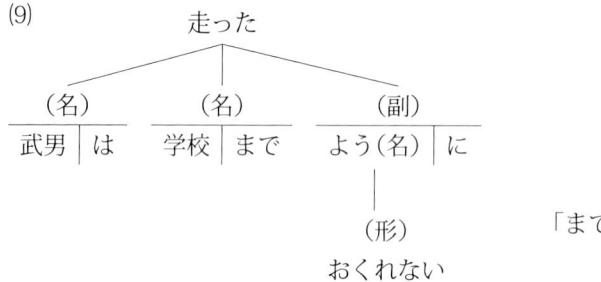

(8)　　　　来なかった
　　　　／　　　＼
　　　（名）　　　（副）
　　　佳代子｜は　（名）｜に
　　　　　　　　待っていた(形)｜の
　　　　　　　　　　｜
　　　　　　　　　（名）
　　　　　　　　　良男｜が

(9)　　　　　　走った
　　　　／　　　｜　　　＼
　　　（名）　　（名）　　（副）
　　　武男｜は　学校｜まで　よう(名)｜に
　　　　　　　　　　　　　　｜
　　　　　　　　　　　　　（形）
　　　　　　　　　　　　　おくれない

「まで」は格助詞

(10)　　　　　ならない
　　　　／　　　　＼
　　　（名）　　　（副）
　　　語形変化表｜は　含んで｜いなけれ｜ば
　　　　　　　　　　／　　　（否定の条件法）
　　　　　　　　（名）
　　　　　　　　変化形｜を
　　　　　　　　　｜
　　　　　　　　（形）
　　　　　　　　すべての

練習問題の解答

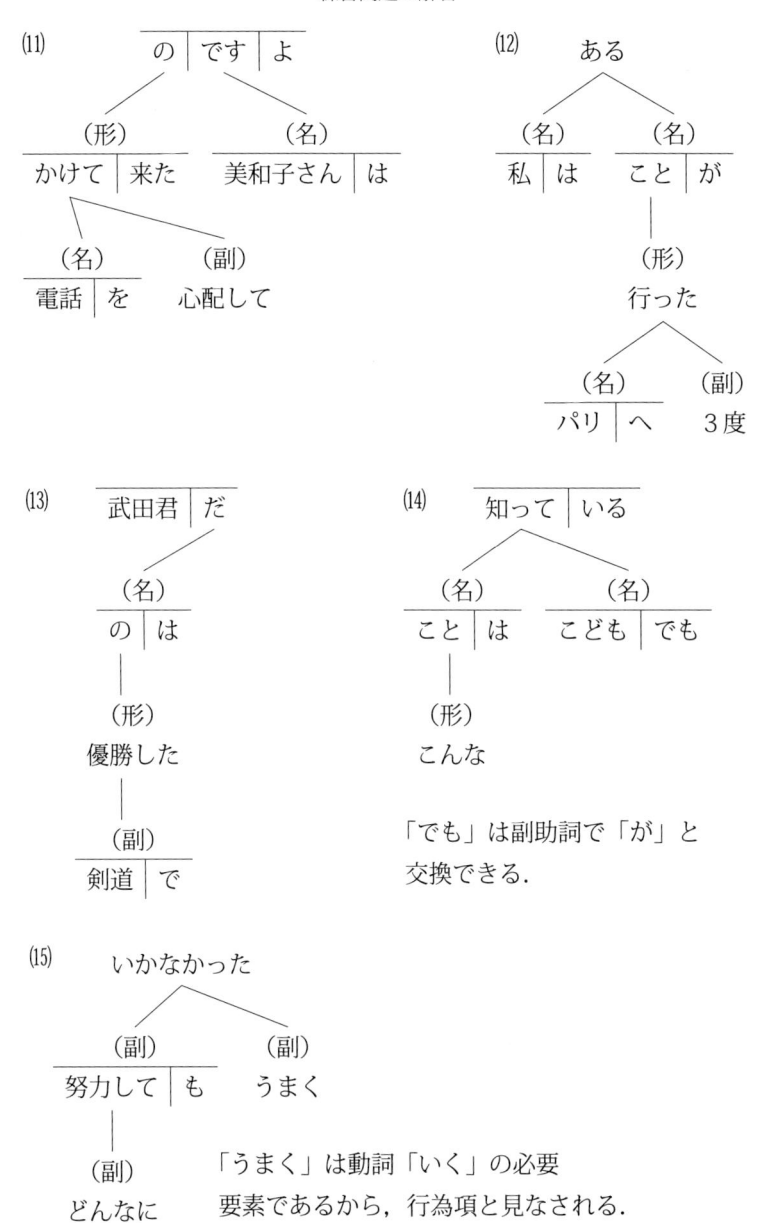

(11)
```
        ─────
         の│です│よ
        ╱     ╲
     (形)      (名)
   かけて│来た  美和子さん│は
   ╱    ╲
 (名)    (副)
 電話│を  心配して
```

(12)
```
         ある
        ╱   ╲
      (名)   (名)
     私│は   こと│が
             │
            (形)
           行った
           ╱   ╲
         (名)   (副)
         パリ│へ  3度
```

(13)
```
     武田君│だ
       │
      (名)
      の│は
       │
      (形)
     優勝した
       │
      (副)
     剣道│で
```

(14)
```
        知って│いる
        ╱       ╲
      (名)      (名)
     こと│は   こども│でも
       │
      (形)
     こんな
```

「でも」は副助詞で「が」と交換できる．

(15)
```
        いかなかった
        ╱        ╲
      (副)       (副)
    努力して│も   うまく
       │
      (副)
     どんなに
```

「うまく」は動詞「いく」の必要要素であるから，行為項と見なされる．

177

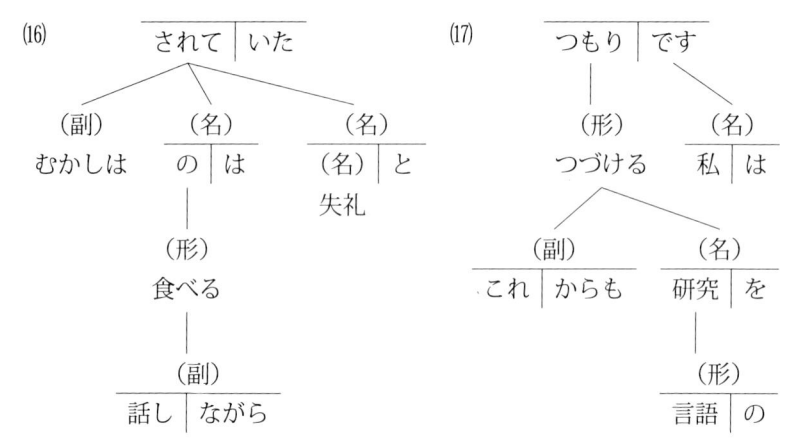

(16)
```
         されて｜いた
    ┌───────┼───────┐
   (副)     (名)    (名)
  むかしは   の｜は  (名)｜と
                   失礼
              │
             (形)
            食べる
              │
             (副)
           話し｜ながら
```

(17)
```
         つもり｜です
        ┌──────┴──────┐
       (形)          (名)
      つづける        私｜は
    ┌───┴───┐
   (副)    (名)
 これ｜からも 研究｜を
              │
             (形)
            言語｜の
```

「これからも」の「も」は副助詞で副詞とする．

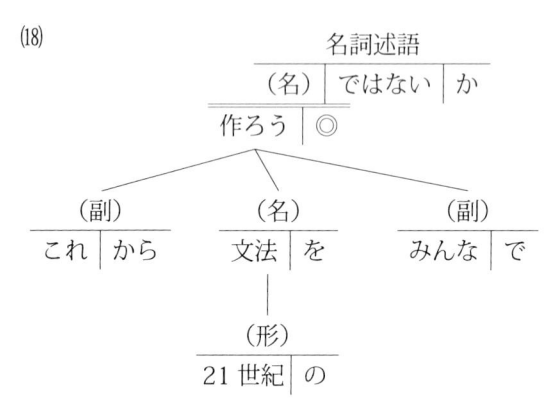

(18)
```
              名詞述語
           (名)｜ではない｜か
          作ろう｜ ◎
      ┌──────┬──────┐
     (副)    (名)    (副)
   これ｜から 文法｜を みんな｜で
            │
           (形)
         21世紀｜の
```

「作ろう」は「作る」の意向形であるから節と受けとめて 2 重線を用いた．「ではない」は名詞の否定形であるから，「作ろう」を名詞化していると見なした．「ではないか」の否定疑問は勧誘を意味する．

練習問題の解答

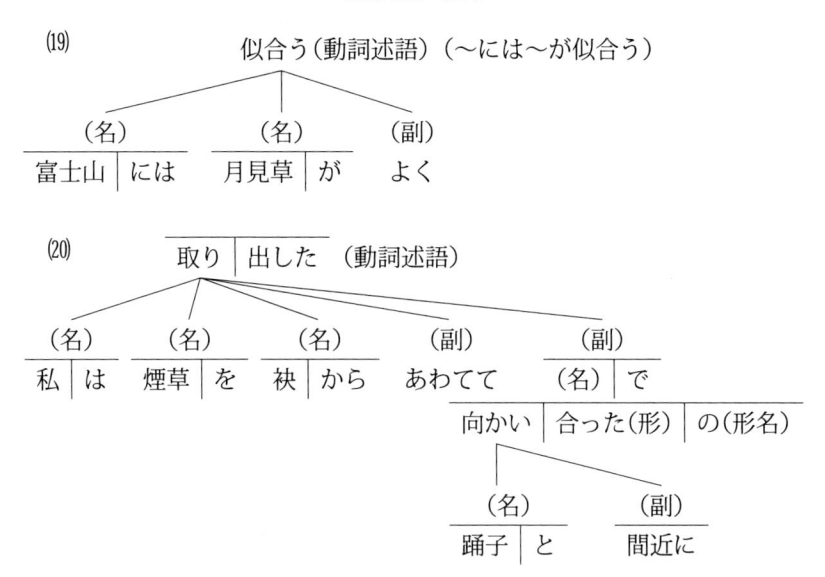

(19)　　　　　　似合う（動詞述語）（～には～が似合う）

　（名）　　　（名）　　　（副）
　富士山｜には　月見草｜が　よく

(20)　　　　取り｜出した　（動詞述語）

（名）　（名）　（名）　　（副）　　　（副）
私｜は　煙草｜を　袂｜から　あわてて　（名）｜で
　　　　　　　　　　　　　　向かい｜合った(形)｜の(形名)
　　　　　　　　　　　　　　　　（名）　　　　（副）
　　　　　　　　　　　　　　　　踊子｜と　　　間近に

179

参 考 文 献

Back, E. & R.T. Harms, (eds) (1963) *Universals in Linguistic Theory.* New York : Holt, Rinehart & Winston.

Blake, Barry J. (1994) *Case.* Cambridge : Cambridge University Press.

Bloomfield, Leonard. (1933) *Language.* New York: Henry Halt.

Catford, J.C. (1988) *A Practical Introduction to Phonetics.* Oxford : Clarendon.

Chafe, Wallace L. (1970) *Meaning and the Structure of Language.* Chicago & London : The University of Chicago.

Chomsky, Noam (1981) *Lectures on Government and Binding.* Dordrecht : Foris.

Comrie, Bernard (1946) *Aspect.* Cambridge : Cambridge University Press.

Fillmore, Charles J. (1968) 'The Case for Case'. In Bach,E. & Harms, R.T. (eds) *Universals in Linguistic Theory.* New York : (1968 : 0-88)

Hornby, Albert S. (1954) *A Guide to Patterns and Usage in English.* London & Oxford : Oxford University Press.

Jespersen, Otto. (1924) *The Philosophy of Grammar.* London & New York : Allens and Unwin.

Jackendoff, Ray (1983) *Semantics and Cognition.* Cambridge, Massachusetts : The MIT Press.

—— (1990) *Semantic Structure.* Cambridge, Massachusetts : The MIT.

Kuno, Susumu (1973) *The Structure of the Japanese Language.* Cambridge, Massachusetts : The MIT Press.

Ladefoged, P. (2001) *A Course in Phonetics.* New York : Harcourt.

Leech, G.N. (1983) *Principles of Pragmatics.* London : Longman.

参考文献

Levinson, S.C.（1983）*Pragmatics.* Cambridge, Cambridge University Press.

Lyons, John（1968）*Introduction to Theoretical Linguistics.* London : Cambridge University Press.

――（1977）*Semantics* I. II. 2vols. Cambridge : Cambridge University Press.

Talmy, Leonard（2000）*Toward a Cognitive Semantics.* Vol 1. Concept Structuring Systems. Cambridge, Massachusetts : The MIT Press.

Tesnière, Lucien（1966）*Éléments de syntaxe structurale.*（2 edition）Paris : Clincksieck.

Trubetzkoy, N. S.（1938）*Grundzüge der Phonologie.*（*Travaux du Cercle Linguistique de Prague 7*）Prague.

大槻文彦（1877）『廣日本文典』 三木佐助.

小泉　保（1960）「語形変化の体系」 柴田武（編）『現代言語学』

――（1978）『日本語の正書法』 大修館書店.

――（1990）『言外の言語学 ― 日本語語用論』 三省堂.

――（1993）『日本語教師のための言語学入門』 大修館書店.

――（2003）『改訂音声学入門』 大学書林.

――（2007）『日本語の格と文型 ― 結合価理論にもとづく新提案』 大修館書店.

坂倉篤義（1955）『改稿日本文法の話』 教育出版.

佐久間　鼎（1948）『日本語の言語理論的研究』 三省堂.

――（1952）『現代日本語法の研究』 厚生閣.

――（1966）『日本語の表現と語法』 厚生閣.

柴田　武（編）（1960）『現代言語学』 三省堂.（391-408）

鈴木重幸（1972）『日本語文法・形態論』 麦書房.

鈴木康之（1977）『日本語文法の基礎』 三省堂.

寺村秀夫（1982）『日本語のシンタックスと意味I』 くろしお出版.

時枝誠記（1950）『日本語文法（口語編）』 岩波書店.

永野　賢（1958）『学校日本文法概説』 朝倉書店.

仁田義雄（1980）『語彙論的統語論』 明治書院.
　　— （1999）「日本語の格を求めて」 仁田義雄（編）『日本語の格をめぐって』
仁田義雄（編）（1999）『日本語の格をめぐって』（1-37）くろしお出版.
野田春美（1997）『「の（だ）」の機能』 くろしお出版.
野田尚史（1996）『「は」と「が」』 くろしお出版.
芳賀　綏（1962）『日本文法教室』 東京堂出版.
服部四郎（1951）『音声学』 岩波書店.
　　— （1951）『音韻論と正書法』 研究社.
蓮沼昭子，前田直子，有田節子（2001）『日本語文法 9．条件表現』 くろしお出版.
橋本進吉（1948）『国語法研究』 岩波書店.
益岡隆志（1987）『命題の文法 — 日本語文法序説』くろしお出版.
　　— （1991）『モダリティの文法』 くろしお出版.
益岡隆志・田窪行則（1991）『（改訂版）基礎日本語文法』 くろしお出版.
松下大三郎（1930）『標準日本口語法』 中文館書店.
三尾　砂（1948）『国語法文章論』 三省堂.
三上　章（1953）『現代語法序説』 刀江書店.
　　— （1960）『象は鼻が長い』 くろしお出版.
南不二男（1974）『現代日本語の構造』 大修館書店.
山田孝雄（1922）『日本口語法講義』 寶文館.
吉川武時（1989）『日本語文法入門』 アルク.
湯沢幸吉郎（1977）『口語法精説』 明治書院.
テニエール・L.（2007）『構造統語論要説』（小泉　保監訳）研究社.
ロドリゲス，ジョアン（1604）『日本大文典』（土井忠生訳）（1955）三省堂.

あとがき

　語幹末母音配列モデルの「活用」はいまでも国文法の中心をなしている.
　これに対し, 時制対極性モデルの「語形変化」は, すでに鈴木康之の『日本文法の基礎』(1977：15頁) の中に使用されている. 横軸の「テンス」に現在体と過去体を配し, 縦軸の「みとめかた」で肯定体と否定体を分けている.

	[テンス]	現在体	過去体
[みとめかた]	肯定体	かく	かいた
	否定体	かかない	かかなかった

　「みとめかた」という用語は鈴木重幸 (1972) の「みとめ (肯定)」と「うちけし (否定)」の対立によるものと思われるが,「テンス」と「みとめかた」の組み合わせについての理論的根拠は示されていない. しかし, このモデルが第1形容詞, 第2形容詞 (名容詞) および名詞にも適用されていることは, 進歩的な文法分析として高く評価することができる. だが, 国語学界はこれを受け入れようとはしなかった.
　実は, 筆者は論文「語形変化の体系」(1960) において, 時制と対極性による語形変化の理論的正当性を立証し, このモデルを『日本語教師のための言語学入門』(1993) の中で紹介しておいた.
　さらに, 吉川武時は『日本語文法入門』(1989) において, 日本語教育の立場からこのモデルの語形変化を動詞とイ形容詞, ナ形容詞 (名容詞), および名詞にも適用している. さらに,「いる, ある, おく, しまう, 見る」のような補助動詞を設定するなど合理的な文法的処理が目立っているが, やはり, 連体形や連用形のような旧式の国文法的用語が使用されている.
　筆者は, 日本語を分析するに当たり, 語形変化のみならず, 西欧の言語分析とも共通する文法用語の使用を願っている. 本書の文法分析の記述は

理論面のみならず，日本語教育にも応用できるものと信じている．さらに，本書に紹介された結合価文法による文構造の分析手法によれば，いかに複雑な長文でもその図系を取り出すことが可能である．すでにテニエールが試みたように，文法教育はもちろん，他言語との構造上の比較や文体の研究にも寄与できれば，筆者にとって望外の喜びである．なお，本書の刊行に校正などで協力してくださった田中美和子氏の労苦について感謝の意を述べておく．

索　引

あ行

アクセント　14
アクセント核　16
意向法　26
一部変化する語　59-65
１項述語　78-80
一方知識　150
韻律的特徴　14
遠近型指示詞　146
恩恵的助動詞　34, 92, 94
音素　8
音節構造　17
音節基準のリズム　19
音の高さ　14-16
音の長さ　14

か行

核疑問　58
格助詞　41
格助詞の体系　45
格助詞「と」に導かれる名詞句　86
格助詞の目録　41
格助詞の用法　46
格助詞「ハ」と「ガ」の用法　48
核否定　57
駆け引きの公理　155
過去形　34
過程　139
過程・行為・恩恵　139
含意　135

関係系列　109
漢数詞　63
寛容の公理　155
聞き手敬語　151
義務的法　40
義務的法表現　40, 96
疑問形　62
疑問文の構造　123
疑問と否定　141
疑問文と前提　141
起伏型　15
強調構文　102
共有知識　150
空間移動・時間固定型　148
空間の体系から時間と関係の体系へ　45
空間系列の用法　46
繋辞（コピュラ）　165
形式名詞　66, 87
経験者項　139
形容詞句　87
形容詞述語　79
形容詞述語の疑問　58
形容詞述語否定　55
形容詞の語形変化　28
形容詞の推量法　29
形容詞の条件法　29
形容詞の直説法　28
形容詞の副詞化　30
形容詞の名詞化　30
形容詞の要望法　30
形容詞類　67
形容動詞　160

結合　75
結合否定　56
原因，理由の副詞句節　71
謙譲の公理　155
限定の終助詞　51
行為・過程　138
行為項　76
行為項と状況項　77
行為構文　101
口蓋化　6
肯定形　61
語幹末母音配列方式　23, 156, 157
国文法の活用　156
国文法の助動詞　164
語形変化を行なう語　21-41
語形変化を行なわない語　41-58
語形変化によらない法表現　39
語の意味分析　134
五十音図　11-12
ことがある　104
ことだ　104, 105
ことにする　105
ことはない　104

さ行

サ行音の相補的分布　9
3項述語　78-80
数詞　62
子音　2-7
子音音素　8
使役文　36, 37
使役受動文　36, 37
指示者敬語　151
指示代名詞　59
社会的直示　150

受益者項　139
述語と行為項の数　78
受動文　36, 37
準動詞　31, 32
準動詞の語形変化　31, 32
準動詞の推量法　33
準動詞の直説法　31
準動詞の第2条件法　32
準動詞の条件法　32
状況項　77
条件の副詞句節　71
条件文　109
譲歩の副詞句　72
譲歩文　109, 110
従来の助動詞　35
女性的表現　153
助動詞　34
助動詞「ある」処置相　38
助動詞「いる」継続相　37, 38
助動詞「おく」準備相　38
助動詞「しまう」完了相　38
助動詞「みる」試行相　38, 39
状態　137
状態構文　101
所有構文　100
時間移動・空間固定型　147
時間系列の副詞句節　71
時間の直示　147
時間の流れる方向　148
時間の表現　148
推定の形容詞「らしい」　97
推量の「だろう」　99
図系　82
図系作成　129
接続詞　73
接続詞の意味分類　74

索　引

接続詞の機能　73
接続助詞　52
接続助詞の用法　74
是認の公理　155
相的助動詞　34, 92
助動詞　91-95
相補的分布　9
促音　6, 12, 13
その他の法表現　97
存在構文　100

た行

対極性のカテゴリー　159
タ行音の相補的分布　10
ダ行とザ行音の相補的分布　10
談話の直示　150
中止形　115
直音　6-7
直示　143-153
直示的助動詞　34, 92
直示動詞　152
伝聞の名容詞「そうだ」　98
丁寧さ　154
転用　83
等位の構造　124
動詞　21-28
動詞述語の疑問　58
動詞的形容詞　67
動詞の意向法　26
動詞の過去形　23
動詞の語形変化　21
動詞の形容詞形　27
動詞の推量法　26
動詞の相　37
動詞の態　36

動詞の条件法　25
動詞の述語形　27
動詞の副詞形　25
動詞の法　39
動詞の名詞化　27
動詞の命令法　26
動詞変化の方式　23
独立文の名詞化　84

な行

内部形式　135
２項述語　78-80
日本語のリズム　19
認識的法　40
認識的法表現　40, 95
人称　143
人称型指示詞　146
人称代名詞　59
能動文　36
のだ　107

は行

拍　17
拍の構造　18
ハ行音の相補的分布　9
破擦音　4
派生形容詞　67
派生副詞　69
場所系列の副詞句節　70
場所格　43
撥音　12
場面敬語　151
はじき音　5
反意語　136

半母音　5
鼻音　4
非過去形　23
比況の名容詞「ようだ」　98
非口蓋化　6
否定疑問の応答　142
否定形　61
否定文の構造　123
付帯格　44
付帯系列の用法　47
副詞句節の種類　70
副詞句節の構造　70
副詞類　69
副詞への転用　89
副助詞　50
不定代名詞　60
文の意味構造　137
文法格　44
文法系列の用法　47
文法的カテゴリー　21
閉鎖音　2
平板型　15
並列の副助詞　50
母音　1-2
母音音素　8
法表現の図系　95-100
本質形容詞　67
本質副詞　69

ま行

「マエ」と「ウシロ」　140
摩擦音　3
名詞化　83
名詞から形容詞へ　83

名詞述語　82
名詞述語の疑問　58
名詞述語否定　56
名詞節　87
名詞節と名詞句　107
名詞的形容詞　68
名詞類　65
名容詞　33
名容詞述語　80
名容詞述語の疑問　58
名容詞述語の否定　56
無項述語　78-80
目的の副詞句　72
目的文　115
ものだ　104

や行

有界系列　45
有界系列の用法　48
拗音　6,7
様態系列　116
様態の名容詞「そうだ」　99
要望法　30

ら行

リズム　19
理由文　109
連体形　162
連用形　163
和数詞　62
話線　82

小泉　保
（こいずみ　たもつ）

1926年2月20日生まれ
東京大学文学部言語学科卒
文学博士
大阪外国語大学教授を経て関西外国語大学教授を歴任.
日本言語学会顧問，日本音声学会顧問

〔著　書〕『音韻論』（英語学大系1）（共著）大修館書店．1971
『日本語の正書法』大修館書店．1978
『フィンランド語文法読本』大学書林．1983
『教養のための言語学コース』大修館書店．1984
『言外の言語学』三省堂．1990
『ウラル語のはなし』大学書林．1993
『ラップ語入門』大学書林．1993
『日本語教師のための言語学入門』大修館書店．1993
『ウラル語統語論』大学書林．1994
『言語学とコミュニケーション』大学書林．1995
『ジョークとレトリックの語用語』大修館書店．1997
『改訂　音声学入門』大学書林．2003
『縄文語の発見』青土社．1998
『カレワラ神話と日本神話』日本放送出版協会．1999
『入門語用論研究』（共著）研究社．2001
『日本語の格と文型』大修館書店．2007

〔訳注釈著〕シュービゲル『音声学入門』大修館書店．1978
『フィンランド民族叙事詩　カレワラ』上・下．岩波書店．1976
『カレワラの歌』（呪術師ワイナミョイネンとサンポ物語）大学書林．1985（レンミンカイネンとクッレルボ）大学書林．1999
カイ・ライティネン『図解フィンランドの文学』大修館書店．1993
テニエール『構造統語論要説』（監訳）研究社．2007

目録進呈　落丁本・乱丁本はお取替えいたします。

平成20年8月1日　　　ⓒ第1版発行
平成20年12月20日　　　第2版発行

著　者　小　泉　　　保

発行者　佐　藤　政　人

発行所
株式会社　大　学　書　林
東京都文京区小石川4丁目7番4号
振替口座　　00120-8-43740
電　話　（03）3812-6281〜3番
郵便番号112-0002

現代日本語文典

ISBN978-4-475-01884-5　　TMプランニング・開成印刷・精光堂

大学書林
語学参考書

著者	書名	判型	頁数
小泉　保著	改訂 音声学入門	Ａ５判	256頁
小泉　保著	言語学とコミュニケーション	Ａ５判	228頁
小泉　保著	ウラル語統語論	Ａ５判	376頁
小泉　保著	ウラル語のはなし	Ａ５判	288頁
下宮忠雄編著	世界の言語と国のハンドブック	新書判	280頁
大城光正／吉田和彦著	印欧アナトリア諸語概説	Ａ５判	392頁
千種眞一著	古典アルメニア語文法	Ａ５判	408頁
小林　標著	独習者のための楽しく学ぶラテン語	Ａ５判	306頁
國原吉之助編	新版 中世ラテン語入門	Ａ５判	320頁
湯田　豊著	サンスクリット文法	Ａ５判	472頁
上田和夫著	イディッシュ語文法入門	Ａ５判	272頁
栗谷川福子著	ヘブライ語の基礎	Ａ５判	478頁
千種眞一著	ゴート語の聖書	Ａ５判	228頁
勝田　茂著	オスマン語文法読本	Ａ５判	280頁
小沢重男著	蒙古語文語文法講義	Ａ５判	336頁
津曲敏郎著	満洲語入門20講	Ｂ６判	176頁
池田哲郎著	アルタイ語のはなし	Ａ５判	256頁
塩谷　亨著	ハワイ語文法の基礎	Ａ５判	190頁
島岡　茂著	フランス語統辞論	Ａ５判	912頁
小林　惺著	イタリア文解読法	Ａ５判	640頁

―目録進呈―

大学書林　語学参考書

著者	書名	判型	頁数
小泉　保著	フィンランド語文法読本	A5判	368頁
小泉　保訳注	対訳カレワラの歌(I) －呪術師ワイナミョイネンとサンポ物語－	A5判	152頁
小泉　保訳注	対訳カレワラの歌(II) －レンミンカイネンとクッレルボ－	A5判	192頁
荻島　崇著	基礎フィンランド語文法	A5判	328頁
荻島　崇著	フィンランド語日本語小辞典	新書判	712頁
荻島　崇編	フィンランド語基礎1500語	新書判	208頁
庄司博史編	フィンランド語会話練習帳	新書判	256頁
荻島　崇著	やさしいフィンランド語読本	B6判	168頁
荻島　崇訳注	フィンランド語童話選	B6判	240頁
小泉　保著	ラップ語入門	A5判	218頁
吉田欣吾著	サーミ語の基礎	A5判	280頁
岩崎悦子・浅津エルジェーベト著	ハンガリー語 I	A5判	528頁
岩崎悦子・浅津エルジェーベト著	ハンガリー語 II	A5判	576頁
早稲田みか著	ハンガリー語の文法	A5判	196頁
岩崎悦子・浅津エルジェーベト編	ハンガリー語基礎1500語	新書判	280頁
岩崎悦子・浅津エルジェーベト編	ハンガリー語会話練習帳	新書判	152頁
岩崎悦子訳注	ハンガリー短篇集(I)	B6判	192頁
岩崎悦子訳注	ハンガリー短篇集(II)	B6判	322頁
勝田　茂著	トルコ語文法読本	A5判	312頁
勝田　茂著	中級トルコ語読解と応用作文	A5判	266頁

－目録進呈－

大学書林
語学辞典

著者	書名	判型	頁数
古川晴風編著	ギリシャ語辞典	Ａ５判	1330頁
國原吉之助著	古典ラテン語辞典	Ａ５判	944頁
千種眞一編著	ゴート語辞典	Ａ５判	780頁
前田真利子 醍醐文子 編著	アイルランド・ゲール語辞典	Ａ５判	784頁
兒玉仁士編	フリジア語辞典	Ａ５判	1136頁
松永緑彌著	ブルガリア語辞典	Ａ５判	746頁
直野　敦著	ルーマニア語辞典	Ａ５判	544頁
田澤　耕著	カタルーニャ語辞典	Ａ５判	1080頁
田澤　耕著	日本語カタルーニャ語辞典	Ａ５判	936頁
三谷惠子著	ソルブ語辞典	Ａ５判	868頁
竹内和夫著	トルコ語辞典(改訂増補版)	Ａ５判	832頁
竹内和夫著	日本語トルコ語辞典	Ａ５判	864頁
今岡十一郎編著	ハンガリー語辞典	Ａ５判	1152頁
荻島　崇著	フィンランド語辞典	Ａ５判	936頁
荻島　崇著	日本語フィンランド語辞典	Ａ５判	960頁
尾崎義・他著	スウェーデン語辞典	Ａ５判	640頁
古城健志 松下正三 編著	ノルウェー語辞典	Ａ５判	846頁
古城健志 松下正三 編著	デンマーク語辞典	Ａ５判	1014頁
小沢重男編著	現代モンゴル語辞典(改訂増補版)	Ａ５判	974頁
山田　晟著	ドイツ法律用語辞典(改訂増補版)	Ａ５判	910頁

―目録進呈―